Unser Bauherren-Handbuch

Praxismappe Finanzierung

Mit Kostenanalyse, Finanzierungsplan, Checkliste Darlehensvertrag

Stiftung Warentest

Robert Tzschöckel

INHALT

DIE EIGENE IMMOBILIE: VOM TRAUM ZUR REALITÄT

Sie haben sich das gut überlegt, dass Sie in absehbarer Zeit ins Eigenheim ziehen wollen. Und Sie lassen sich nicht dadurch unter Druck setzen, was Ihr persönliches Umfeld – Familie und Freundeskreis – schon umgesetzt hat oder plant. Sie selbst müssen entscheiden, ob Sie für eine Immobilie die Verantwortung und Last übernehmen wollen.

Die Baufinanzierung: ein Informationswirrwarr

Baufinanzierungen sind im Gegensatz zu Konsumentenkrediten üblicherweise langfristig ausgelegt und mit einem günstigeren Zinssatz versehen. Deshalb zahlen Sie einen Immobilienkredit länger zurück und stellen dem Finanzierungsinstitut Ihre Immobilie als Sicherheit zur Verfügung.

Selbstverständlich finden Sie am Markt auch Finanzierungen und Finanzierungsformen, die einen kurz- oder mittelfristigen Zeitraum abdecken, und manchmal ist, je nach Ihren persönlichen Lebensumständen, auch eine Mischform verschiedener Rückzahlungszeiträume vorstellbar und sinnvoll. Die folgenden Fragen, Thesen und Antworten sollen Ihnen einen ersten Überblick geben, warum es lohnenswert ist, sich intensiv mit dem Thema Baufinanzierung zu beschäftigen und sich kritisch mit ihr auseinanderzusetzen.

Nach der Lektüre dieses Buches werden Sie jedenfalls gut auf Ihre Finanzierungsgespräche vorbereitet sein. Darüber hinaus ist es von Vorteil, die Zins- und Dreisatzrechnung etwas aufzufrischen, um Zinswerte, Tilgungssätze, Raten und deren Beeinflussungen untereinander besser nachvollziehen zu können. Das ist zwar nicht zwingend nötig, weil es hierfür Rechner im Internet gibt, es erleichtert jedoch das Zahlenverständnis und macht Sie sicher in Ihrer Planung und Entscheidung.

Auf die Bankberater können sich Bauherren und Wohnungskäufer oft nicht verlassen, wie unsere Untersuchungen zutage fördern. Im Februar 2017 zum Beispiel schnitten von 21 Banken und Kreditvermittlern sieben mit mangelhaft oder nur mit ausreichend ab. Nur fünf Kreditanbieter berieten gut. Den Bankexperten unterliefen im Test zahlreiche Fehler – von kleinen Patzern bis zu groben Schnitzern.

Die ersten Schritte: eine gute Vorbereitung

Das Wichtigste ist, wie bei jeder anderen Investition auch, eine durchdachte Vorbereitung. Wenn Sie sich grundsätzlich für eine eigene Immobilie entschieden haben, klären Sie zunächst Ihren persönlichen Zeitrahmen. Wollen oder müssen Sie jetzt eine Immobilie erwerben oder planen Sie das Projekt zu einem späteren Zeitpunkt? Welche Art der Immobilie ist Ihr Favorit? Soll es das Einfamilienhaus sein oder ist die Eigentumswohnung viel passender? Muss es ein schlüsselfertiger Neubau sein oder ist ein Bestandsobjekt, bei dem Sie Ihr handwerkliches Geschick kostensenkend einbringen können, ratsam? Wo wollen Sie künftig wohnen, städtisch oder auf dem Land? Darüber hinaus ist entscheidend, wie viel Eigengeld Sie angespart haben und wie viel davon Sie für die Immobilienfinanzierung einsetzen möchten. Informieren Sie sich auch über Baupreise vor Ort.

Erst aus der Gesamtschau dieser Fragen, Antworten und Informationen ergibt sich Ihr Finanzierungsbedarf.

Die Baufinanzierung: universeller als gedacht

In erster Linie dient die Baufinanzierung dem Objekterwerb. Dabei spielt es keine Rolle, ob es sich um einen Alt- oder Neubau handelt. Darüber hinaus sind Modernisierungs- bzw. Sanierungsmaßnahmen, die einen nennenswerten Finanzrahmen erfordern, durch eine Baufinanzierung realisierbar. Finanziert wird auch der Kauf oder Bau eines Objekts, das auf einem Erbbaurechts-Grundstück steht. Der Erbbaurecht-Herausgeber, oft kirchliche Einrichtungen oder die Kommune, ist Eigentümer und gestattet Ihnen die Nutzung zu Wohnzwecken gegen Zahlung einer Erbpacht. Auch die rechtzeitige Planung einer Anschlussfinanzierung schon während einer noch laufenden Sollzinsbindung verdient eine erhöhte Aufmerksamkeit. Sogar für Konsumzwecke lässt sich durch eine Baufinanzierung zinsgünstig Kapital beschaffen, wenn die Immobilie als Sicherheit dient. Über Sinn oder Unsinn hierfür ist je nach Lebenssituation im Einzelfall zu entscheiden.

Zinssätze, Sollzinsbindung, Tilgung, Gesamtlaufzeit ...

Wenn Sie vor einer Kreditaufnahme Zinsvergleiche anstellen, werden Sie auf verschiedene Begriffe stoßen, die miteinander in Verbindung stehen und die die Kosten und Rückzahlungsdauer maßgeblich beeinflussen. Üblicherweise werden Darlehensverträge nicht für einen Zeitraum abgeschlossen, der bis zur vollständigen Rückzahlung (= Tilgung) des Darlehens reicht. Die Sollzinsbindung, also die Dauer, für die beide Vertragspartner unveränderbare Bedingungen vereinbaren, beträgt klassisch 5, 10 oder 15 Jahre. Längere Zinsvereinbarungen, auch bis zur vollständigen Rückzahlung (Volltilgerdarlehen), werden von einigen Finanzierungsinstituten angeboten, sind aber nicht der Regelfall. Die Gesamt-laufzeit, bis ein Darlehen vollständig zurückgezahlt ist, wird durch den Zinssatz und den Tilgungssatz bestimmt. Je höher Sie tilgen können, desto schneller haben Sie Ihre Schulden abgebaut. Die Zins- und Tilgungspläne der Kreditinstitute und Baugeldvermittler geben hierüber Auskunft. Der Haken daran: Verlässliche Aussagen können immer nur für die gerade abgeschlossene Zinsperiode getroffen werden. Annahmen darüber hinaus, wie sich die Zinskonditionen ändern werden, sind Spekulationen. Sie dienen aber den persönlichen Planspielen und sind deshalb zu berücksichtigen. Planen Sie ein, dass eine übliche Gesamtlaufzeit einer Baufinanzierung 30 Jahre und länger dauern kann.

Die Geldgeber: ein großer Tummelplatz

Neben den etablierten Geldgebern wie Großbanken, Volksbanken und Sparkassen sind hier zunächst Spezialinstitute, Bausparkassen und Versicherungsunternehmen zu nennen. Seitdem das Internet flächendeckend als Informationsquelle genutzt wird, hat sich ein nennenswerter Teil des Marktes hin zu Baufinanzierungsvermittlern bzw. Finanzierungsportalen verschoben. Deren Vorteil ist, dass sie dem Kunden eine Markt- und Informationstransparenz geben, die er bei seiner Hausbank nicht erhält und sich auch individuell nur sehr schwer verschaffen kann. Regionale und überregionale Preisvergleiche können dabei selbst in einer Niedrigzinsphase deutliche Preisunterschiede aufdecken.

Darüber hinaus eröffnen die Darlehen öffentlicher Kreditgeber durchaus Chancen. Exemplarisch seien hier die Kreditanstalt für Wiederaufbau (KfW) als bundesweiter Förderer und die Förderinstitute der Bundesländer erwähnt. Einige Länder fördern sehr gut und stark, bei anderen gewinnt man den Eindruck, dass Förderbedingungen bewusst komplex und für wenige erreichbar ausgestaltet sind.

DIE GESAMTKOSTEN BEI BAU UND KAUF

Einer der wichtigsten Punkte für eine solide Immobilienfinanzierung ist, dass man einen möglichst vollständigen Überblick über die Gesamtkosten dieser großen Investition bekommt. Niemandem hilft es, kurz vor dem Einzug in das neue Zuhause festzustellen, dass Eigenkapital und Darlehen zusammen nicht alle entstandenen Kosten abdecken. Es wäre schlimm, wenn der eigene Traum auf halber Strecke bzw. kurz nach dem Einzug wieder platzt. Wenn es normal abläuft, sind nahezu alle relevanten Kosten im Vorfeld absehbar und kalkulierbar. Hier verschaffen Sie sich zunächst einen umfassenden Überblick über Ihre voraussichtlichen Gesamtkosten, Sie bestimmen weitere mögliche Kosten entsprechend Ihrer persönlichen Situation und planen finanzielle Puffer mit ein.

DER KAUFPREIS FÜR EIN BESTANDSOBJEKT

→ S. 97 Der Kauf einer bestehenden Immobilie ist in der Regel mit weniger Überraschungen und Unvorhergesehenem verbunden als das eigene Bauvorhaben. Dies kann im Vergleich zu einem Neubauvorhaben ein Vorteil sein, falls man sich noch nicht entschieden hat.

Nach einer intensiven Haus- bzw. Wohnungsbesichtigung (am besten mit Freunden, Bekannten oder Verwandten, zu zweit oder zu dritt) ist die Substanz der Immobilie mit ihren Stärken und Schwächen recht gut einschätzbar. Wer hier auf Nummer sicher gehen will, holt sich zur (eventuell zweiten) Besichtigung Unterstützung vom Experten (Informationen zum Beispiel auf www.bbausv.de, Bundesverband Deutscher Bausachverständiger). Dieser hat aus Erfahrung einen Blick für die Schwachstellen eines Gebäudes und stellt gleich die richtigen Fragen, um das Wichtige vom Unwichtigen zu trennen. Wobei „wichtig" und „unwichtig" letztlich von jedem selbst definiert wird. Ein Bausachverständiger wird aber schnell überschlagen können, welche der möglichen Hausdefizite leicht lösbar sind und welche einen größeren finanziellen Aufwand bedeuten. Zügig kann so der Gesamtaufwand für die notwendigen Modernisierungen oder gewünschten Änderungen ermittelt werden.

Als Interessenten und potenziellem Käufer wird Ihnen der geforderte Kaufpreis der Immobilie spätestens auf Nachfrage mitgeteilt. Auch wenn dieser Wert noch nicht abschließend verhandelt ist, so ist er doch eine gute Kalkulationsgrundlage für die Gesamtkostenermittlung, denn teurer wird es dann – abgesehen vom Modernisierungsaufwand – nicht werden.

Oft werden Kfz-Stellplätze in den Immobilienanzeigen separat aufgeführt. Diese erhöhen den zu beurkundenden Kaufpreis und sind für die Berechnung der Maklerkosten, der Grunderwerbsteuer sowie Notar- und Grundbuchkosten relevant. Vergessen Sie nicht, diese zu berücksichtigen.

Möglicherweise mitverkauftes Inventar hingegen, sofern separat aufgeführt, reduziert die zu zahlende Grunderwerbsteuer, da als Bemessungsgrundlage der Kaufpreis ohne mitverkauftes Inventar zählt.

NEUBAU: GRUNDSTÜCK, BAU- UND BAUNEBENKOSTEN

→ S. 97 Bei Bauvorhaben setzt sich der gesamte Kaufpreis aus mehreren Faktoren zusammen. Da ist zuerst das Grundstück. Haben Sie ein passendes Grundstück gefunden, erhalten Sie vom Verkäufer den Preis dafür.

Erfragen Sie vor dem Kauf auf jeden Fall, welche Maßnahmen (Erschließung, Revisionsschächte, Ver- und Entsorgungsleitungen etc.) noch zu leisten sind, bevor das Bauunternehmen mit dem Bau Ihres neuen Eigenheims beginnen kann. Diese zusätzlichen Kosten können dann den Baunebenkosten zugeschlagen werden.

Ebenso zählen Herrichtungskosten für das Grundstück (Rodung, Altlastenbeseitigung oder Abbrucharbeiten), Architekten- und Ingenieurshonorare, Gebühren für Behörden (z. B. Baugenehmigung) zu den Baunebenkosten. Insgesamt können zirka 15 Prozent der reinen Gebäudekosten dafür kalkuliert werden.

Für die Errichtung der Außenanlagen müssen Sie mit etwa 5 Prozent des Gebäudewerts rechnen. Hierzu zählen unter anderem Wege auf dem Grundstück, Einfriedungen, die Gartenanlage und Zäune. Unterschätzen Sie die Kosten für die Gestaltung der Außenanlagen nicht. Je nach Grundstücksgröße und Lage können diese schnell von der Pauschale abweichen.

Die eigentlichen Gebäudekosten sind der größte Posten auf der Rechnung und der Kostenfaktor, den Sie am ehesten selbst beeinflussen können. Es gibt erfahrungsgemäß sehr große Unterschiede zwischen einzelnen Bauträgern, Fertighausherstellern und Bauunternehmen.

Entscheiden Sie sich für ein Bauvorhaben mit Einzelgewerkvergabe (als Bauherr selbst oder mit Unterstützung durch Architekt bzw. Bauingenieur), so ist dies grundsätzlich erst einmal die kostengünstigere Variante, da die Gewinnspannen der Bauträger und Bauunternehmen (schlüsselfertiges Bauen) entfallen. Sind Sie selbst kein Bauprofi, verfügen Sie nicht über genügend Bausachverstand oder haben Sie schlichtweg zu wenig Zeit, um den Bau mit den einzelnen Handwerkern zu überwachen und zu koordinieren, suchen Sie sich Unterstützung für diese Aufgaben. Was die Bauüberwachung durch Architekten oder Ingenieurbüros zusätzlich kostet, sollten Sie im Vorfeld erfragt haben, darüber hinaus natürlich auch den Umfang der Leistungen (meist auf Basis der Honorarordnung für Architekten und Ingenieure, HOAI) inklusive der Haftungsfragen. Bei Neubauvorhaben oder umfangreichen Umbaumaßnahmen ist eine externe Bauüberwachung durch von Ihnen beauftragte Fachleute zu empfehlen. Auch wenn es einen finanziellen Mehraufwand bedeutet, so rechnet sich das durch deutlich reduzierte Baumängel in der Praxis meist wieder.

DIE MAKLERKOSTEN BEI BAUVORHABEN UND IMMOBILIENKÄUFEN

Die Kontaktaufnahme mit Maklern

Vermeiden Sie es, die vorgefertigten Anschreiben der Immobilienportale zu nutzen, sondern schreiben Sie einen persönlichen Text. Am Ende verhält es sich wie bei einem Bewerbungsanschreiben: Je sympathischer es in den Augen des Maklers geschrieben ist, desto größer werden Ihre Chancen, in die engere Auswahl zu kommen. Gerade bei vielen Bewerbern für dasselbe Objekt kann hier schon ein Akzent gesetzt und ein Unterschied gemacht werden.

Die Maklerkosten sind in Deutschland von Bundesland zu Bundesland verschieden. Eine gesetzliche Regelung gibt es dafür zwar nicht, jedoch sind diese Werte mittlerweile „allgemein üblich". Die Bandbreite liegt zwischen 3% und 6% der Kaufkosten netto zuzüglich Mehrwertsteuer. Die Höhe der Maklerprovision wird also mit dem jeweiligen Prozentsatz vom beurkundeten Kaufpreis ermittelt.

Natürlich steht es jedem frei, es ist sogar zu empfehlen, sich mit dem Makler über eine individuelle Maklerprovision zu verständigen und diese zu verhandeln. Gerade wenn eine Immobilie schon längere Zeit am Markt angeboten wird oder wenn man mit anderen Vorteilen für den Makler wie einer sehr zügigen Kaufpreisabwicklung punkten kann, hat man gute Karten beim Verhandeln. Wer als Käufer den Markt gut kennt, hat hier klare Vorteile. Nicht nur, dass so schneller und sicherer gehandelt werden kann, vielmehr können Sie auch gewichtige Argumente mit anführen. So zum Beispiel, dass das Objekt von verschiedenen Maklern angeboten wird, dass bereits

länger ohne Erfolg versucht wird, das Objekt zu verkaufen oder dass der verlangte Kaufpreis nicht marktgängig, sondern überhöht ist. Hilfreich dafür sind gespeicherte Suchaufträge bei einschlägigen Immobilienportalen, die Stadtteilzeitung oder das Stadtmagazin. Sich Wohngegenden und in Frage kommende Immobilien probeweise einmal anzuschauen, schadet übrigens ebenfalls nicht. Je sicherer und vorbereiteter man hier ist, desto besser gelingt der Kauf beim Traumobjekt.

Eine schnelle Handlungsfähigkeit bringt Ihnen besonders beim Immobilienkauf einen klaren Wettbewerbsvorteil gegenüber anderen Immobilieninteressenten ein. Damit ist auch gemeint, dass die Finanzierungsstruktur feststeht und Sie sich bereits im Vorfeld eine umfassende Beratung für die Immobilienfinanzierung gesucht haben.

Grundlage für eine Pflicht zur Zahlung von Maklerlohn (Courtage) ist der wirksame Abschluss eines Maklervertrags. Das muss nicht zwingend ein formaler schriftlicher Vertragstext sein. Wenn Sie zum Beispiel in den Werbeunterlagen vom Makler einen Text wie „Provision i. H. v. XY % des Kaufpreises vom Käufer zu zahlen." finden und sich dann vom Makler detaillierte Unterlagen zum Objekt schicken lassen oder einen Besichtigungstermin mit ihm vereinbaren, gilt das als Abschluss eines Maklervertrags. Wir empfehlen deshalb, einen schriftlichen Maklervertrag mit exakter Angabe der zu zahlenden Courtage inklusive MwSt. aufzusetzen. Fällig wird ein Maklerhonorar grundsätzlich nur im Erfolgsfall, also wenn der Abschluss eines Kaufvertrags ursächlich auf die Tätigkeit des Maklers zurückgeht.

NOTAR- UND GRUNDBUCHKOSTEN FÜR KAUF UND NEUBAU

Die Notar- und Grundbuchkosten sind in Deutschland bundeseinheitlich geregelt. Notargebühren entstehen für die Beurkundung des Immobilienkaufs, die Beurkundung der Sicherheit (Grundschuld), den eigentlichen Vollzug des Geschäfts und sonstige Kosten.

Das Grundbuchamt erhebt Gebühren für die Eintragung der Sicherheiten, die Eigentumsumschreibung und die eventuelle Eintragung einer Auflassungsvormerkung. Diese schützt einen Käufer in der Zeit zwischen Abschluss des Kaufvertrags und Eintragung im Grundbuch vor anderweitiger Veräußerung oder Belastung des Grundstücks durch den Verkäufer. Bei Abwicklungen mit Hilfe einer Notarbestätigung erhöht sich der Betrag etwas. In Summe werden zirka 1,5 Prozent der Kaufsumme für Notargebühren und rund 0,5 Prozent als Grundbuchgebühren fällig, insgesamt also etwa 2,0 Prozent. Bei Bauvorhaben sind die Kosten für die Eintragung der Grundschuld individuell zu berechnen.

GRUNDERWERBSTEUER FÜR IMMOBILIENKÄUFE UND BAUVORHABEN

Die Grunderwerbsteuer fällt beim Erwerb von Grundstücken oder Grundstücksteilen an. Die Höhe ist bundeslandabhängig und beträgt zwischen 3,5 Prozent und 6,5 Prozent.

Die Grunderwerbsteuer muss auf das Grundstück gezahlt werden. Als Grundstück ist im Wesentlichen festgelegt: der Grund und Boden an sich, Miteigentum an Grundstücken (nach Wohnungseigentumsgesetz), Bruchteilseigentum an Grundstücken oder grundeigentumsähnliche Rechte (zum Beispiel Erbbaurechte). Zum Grundstück werden sämtlichen Bestandteile gerechnet, insbesondere alle sich darauf befindlichen Gebäude sowie deren Bestandteile.

In der Baufinanzierung bemisst sich die Grunderwerbsteuer nach der Höhe der Gegenleistung, das heißt in der Regel nach der Summe des Kaufpreises.

Notarkosten fallen nicht darunter. Miterworbenes Inventar beziehungsweise auf Rücklagen entfallende Kaufpreisteile unterliegen ebenfalls nicht der Grunderwerbsteuer. Wenn also eine mitverkaufte Kücheneinrichtung im Kaufvertrag als Inventar separat ausgewiesen wird, dann wird hierauf keine Grunderwerbsteuer fällig. Aus steuerlicher Sicht lässt sich dadurch also etwas Geld sparen.

S. 159 Aber Achtung: Hierbei ist Vorsicht geboten. Viel zu oft wird das Inventar erst zum Zeitpunkt des Notartermins aus dem Kaufpreis herausgerechnet, um Grunderwerbsteuer zu sparen. Richtig problematisch kann das werden, wenn dies nach der Beantragung eines Darlehens beziehungsweise der Zusage durch die Bank erfolgt. Die Reduzierung des Kaufpreises um das Inventar hat zur Folge, dass das den Beleihungswert des Objekts reduziert. Die Höhe des Beleihungswerts beeinflusst jedoch auch Ihren Darlehenszins. Das hat wiederum zur Folge, dass Sie entweder noch mehr Eigenkapital einbringen müssen oder sich die Zinsen für Ihre Baufinanzierung erhöhen. Und das ist über die Laufzeit gesehen meist teurer als die gesparten Euro durch die Reduzierung der Grunderwerbsteuer. Das muss nicht so sein, aber es kann. Stimmen Sie das eventuelle „Herausrechnen" von Inventar daher im Vorfeld mit Ihrem Baufinanzierungsexperten ab.

Bereits mit dem Abschluss des rechtswirksamen Kaufvertrags entsteht die Grunderwerbsteuer, also nicht erst mit der Zahlung des Kaufpreises, der Grundbucheintragung oder bei der Übergabe. Sobald Ihnen das zuständige Finanzamt den Steuerbescheid zugestellt hat, ist die Grunderwerbsteuer bis maximal einen Monat später zur Zahlung fällig.

Beispiele für grunderwerbsteuer-relevante Vorhaben sind:

1 Kauf einer Eigentumswohnung: Die Grunderwerbsteuer muss auf den Kaufpreis gezahlt werden.

2 Kauf eines Einfamilienhauses, einer Doppelhaushälfte oder eines Reihenhauses usw.: Die Grunderwerbsteuer muss auf den kompletten Kaufpreis gezahlt werden.

3 Für neue Bauvorhaben scheint die Lage sehr klar zu sein: Die Grunderwerbsteuer muss auf den Grundstückskaufpreis gezahlt werden, nicht auf die Baukosten.
Vergewissern Sie sich jedoch im Vorfeld, ob die Grunderwerbsteuer tatsächlich nur auf das Grundstück gezahlt werden muss. Können Sie das Grundstück nämlich nur vom Bauträger erwerben, der darauf auch die Immobilie für Sie baut, dann berechnet das Finanzamt die Grunderwerbsteuer häufig auf das Grundstück und die Baukosten zusammen – im Zweifel auch nachträglich, wenn es davon erst später erfährt.

 Info   Grunderwerbsteuer sparen

Der Immobilienverkauf ist dann steuerfrei, wenn er zwischen Verwandten in gerader Linie (Eltern, Großeltern, Enkel) oder zwischen Eheleuten bzw. eingetragenen Lebenspartnern erfolgt.

⭦ Noch umfassendere Informationen zum Kauf von unbebauten und bebauten Grundstücken bekommen Sie in „Unser Bauherren-Handbuch".

MODERNISIERUNG UND RENOVIERUNG BEI BESTANDSGEBÄUDEN

Dieser Kostenpunkt spielt beim Erwerb eines Neubaus in der Regel keine Rolle, dafür aber beim Kauf von Bestandsimmobilien. Zur Ermittlung des Finanzierungsbedarfs müssen Sie sich bereits zum Besichtigungstermin über notwendige Modernisierungs- und Renovierungsmaßnahmen im Klaren werden und die Kosten entsprechend auflisten. Wie bereits beschrieben, hilft Ihnen dabei ein Bauexperte oder Sachverständiger bei der Einschätzung der Kosten einerseits und beim Abschätzen der Dringlichkeit verschiedener Maßnahmen andererseits ganz erheblich. Alternativ können Sie selbst Kostenvoranschläge bzw. Ersteinschätzungen von regionalen Handwerkern oder Bauunternehmen einholen.

Wurde der Maßnahmenüberblick erstellt, so kann anschließend ein zeitlicher Rahmen abgesteckt werden, wie lange die Umbau- bzw. Renovierungsarbeiten andauern werden. Dies ist für die Finanzierungsnebenkosten von Bedeutung: Rufen Sie nach der vereinbarten Zeit die Kreditbeträge bei Ihrem finanzierenden Unternehmen nicht ab, können dafür Bereitstellungszinsen fällig werden. Die Höhe der Bereitstellungszinsen können Sie in Ihrem Beratungsgespräch erfragen. Je länger die Modernisierungsarbeiten dauern werden, desto länger sollte die zinsfreie Zeit für Bereitstellungszinsen gewählt werden. Alternativ ist es natürlich auch möglich, die Bereitstellungszinsen zu zahlen. Um zu entscheiden, welche der zwei Lösungen jeweils die sinnvollere ist, kann man eine einfache Frage beantworten: Kostet es mich mehr, die bereitstellungszinsfreie Zeit mit einem kleinen Aufschlag auf den Sollzins (also teurer für die komplette Sollzinsbindung) zu verlängern, oder ist es am Ende günstiger, die Bereitstel-

Ihr Timing bei der Finanzierung

Falls Modernisierungsarbeiten nicht sofort, sondern in absehbarer Zeit, also innerhalb der nächsten ein bis drei Jahre anfallen, spielen Sie rechnerisch einmal durch, diese Maßnahmen vorzuziehen, falls Sie dazu ein Darlehen benötigen.

Nach dem Kauf und der Darlehensaufnahme bleibt Ihnen in zwei oder drei Jahren nämlich nur jener Darlehensgeber zur Auswahl, der bereits den eigentlichen Kauf finanziert hat. Dies liegt an der Grundbuchsituation: Die Vorlast der Grundschuld im Grundbuch wäre für einen anderen, dann nachrangigen Darlehensgeber zu groß. Sie sind also dann – zumindest, was die Zinsen der Bank anbelangt – in einer ziemlichen Abhängigkeit gefangen. Das muss nicht automatisch ein Nachteil sein. Sie sollten sich diese Abhängigkeit aber bereits im Vorfeld der Kauffinanzierung bewusst machen und dies berücksichtigen.

lungzinsen zu zahlen? Um diese Frage korrekt beantworten zu können, sollte die zeitliche Planung der Maßnahmen natürlich vorliegen.

Schätzen Sie dabei mögliche Eigenleistungen, auch Muskelhypothek genannt, bei den Arbeiten nicht zu blauäugig, sondern realistisch ein: Neben Ihrer eigenen Arbeit darf der Faktor Zeit nicht vernachlässigt werden. Handwerker verrichten die gleichen Arbeiten oft deutlich routinierter und damit schneller als ungeübte Laien.

FINANZIERUNGSNEBENKOSTEN FÜR BAUVORHABEN UND KÄUFE

Bei einem Kauf- oder Bauvorhaben sind es vor allem die Bereitstellungszinsen, die als Finanzierungsnebenkosten bezeichnet werden können. Der Form halber werden hier auch Teilauszahlungszuschläge erwähnt, die in der Praxis jedoch nur selten anfallen. Auch Wertermittlungsgebühren werden nur noch sehr selten erhoben. Diverse Gerichtsurteile verbieten es den Darlehensgebern, diese zu verlangen. Ausnahmen gibt es nur dann, wenn der Darlehensgeber aufgrund Ihrer Darlehensanfrage ein Wertgutachten in Auftrag gegeben hat und Sie das Darlehen bei dann erfolgter Darlehensgenehmigung nicht abnehmen möchten.

Aber was sind eigentlich Bereitstellungszinsen? Darlehensgeber verlangen für die längerfristige Bereitstellung eines Darlehens Bereitstellungszinsen, wenn dieses nicht termingerecht abgerufen wird. Bei einer Immobilienfinanzierung bzw. bei Annuitätendarlehen werden Bereitstellungszinsen auf den Darlehensteil gezahlt, welcher noch nicht vom Darlehensgeber ausgezahlt wurde. In Deutschland unterscheiden sich Bereitstellungszinshöhen unter den Darlehensgebern kaum. Die Mehrheit der Kreditinstitute erhebt einen monatlichen Zins von 0,25 Prozent. Das entspricht einem hohen Jahreszins von 3 Prozent. Mittlerweile gibt es jedoch auch positive Ausnahmen mit zum Beispiel monatlich 0,15 Prozent. Durch die lange Bauzeit bei Neubauvorhaben fallen Bereitstellungszinsen hier besonders ins Gewicht. Bereitstellungszinsen fallen allerdings erst nach einer bestimmten Karenzzeit an, der bereitstellungszinsfreien Zeit. Diese Zeit kann mit dem Darlehensgeber oft individuell vereinbart werden.

Bei einem Neubauvorhaben oder Modernisierungen erfolgt die Auszahlung eines Darlehens normalerweise in Teilbeträgen, immer abhängig vom Baufortschritt und dem bereits eingesetzten Eigenkapital. Grob lässt sich Folgendes festhalten: Bereitstellungszinsen werden auf den noch nicht abgerufenen Teil des Darlehens gezahlt, Sollzinsen (im Darlehensvertrag vereinbart) auf den bereits abgerufenen Darlehensteilbetrag. Während einer bereitstellungszinsfreien Zeit ist der Bauherr genau von diesen Bereitstellungszinsen befreit. Und genau hier liegt der Kern der weiter vorn erwähnten Frage: Was kostet mich die Verlängerung einer bereitstellungszinsfreien Zeit im Gegensatz zur Zahlung von Bereitstellungszinsen?

Ein Zahlungsplan sollte jedem Bauherren bei einer Immobilienfinanzierung vorliegen. Dieser ist fester Bestandteil des Bauvertrags und maßgeblich für die Berechnung und Kalkulation der Bereitstellungszinsen im Vorfeld. Hier werden Bauabschnitte festgelegt, zu denen ein bestimmter Geldbetrag (Abschlagszahlung) fällig ist. Die Logik ist einfach: Ist ein definierter Bautenstand erreicht und abgenommen, kann und muss in der Regel auch die entsprechende Abschlagszahlung an das ausführende Bauunternehmen geleistet werden.

Bei einer Immobilienfinanzierung gilt zusätzlich: Eigenkapital vor Fremdkapital. Das heißt: Ist Eigenkapital, welches man für die Finanzierung geplant hat, noch nicht eingebracht, dann verlangt die Bank die vorrangige Verwendung des eigenen Geldes. Erst wenn das gesamte geplante Eigenkapital aufgebracht ist, kann das Darlehen Stück für Stück abgerufen werden, natürlich auch hier unter Einhaltung des Zahlungsplans. Dies ist wichtig für die Kalkulation von Bereitstellungszinsen.

S. 101 Es folgt ein schematisches Beispiel für die Berechnung von Bereitstellung-zinsen.

Beispielrechnung Bereitstellungszinsen

Darlehenshöhe 100 000 Euro, 1,80 % Sollzins, Bereitstellungszins 3,0 % p. a.
Die Auszahlung erfolgt in folgenden Teilschritten:
A: 20 000 Euro, B: 30 000 Euro, C: 10 000 Euro,
D: 40 000 Euro

Zinsbelastung zur ersten Auszahlung:
20 000 EUR x 1,8 % Zins p. a. (30 Euro / Monat)
= **Monatsrate: 30 Euro**

Zinsbelastung zur zweiten Auszahlung:
20 000 EUR x 1,8 % Zins p. a. (30 Euro / Monat)
+ 30 000 EUR x 1,8 % Zins p. a. (45 Euro / Monat)
= **Monatsrate: 75 Euro**
Achtung: Zwischen zweiter und dritter Auszahlung sowie nach Ablauf der bereitstellungszinsfreien Zeit: Monatsrate 75 Euro zzgl. taggenaue Bereitstellungszinsen für Darlehensteil C und D.

Zinsbelastung zur dritten Auszahlung:
20 000 EUR x 1,8 % Zins p. a. (30 Euro / Monat)
+ 30 000 EUR x 1,8 % Zins p. a. (45 Euro / Monat)
+ 10 000 EUR x 1,8 % Zins p. a. (15 Euro / Monat)
+ Bereitstellungszinsen in Höhe von:
40 EUR x 3,00 % p. a. (100 Euro / Monat)
= **Monatsrate: 190 Euro**

Zinsbelastung nach vierter Auszahlung:
20 000 EUR x 1,8 % Zins p. a. (30 Euro / Monat)
+ 30 000 EUR x 1,8 % Zins p. a. (45 Euro / Monat)
+ 10 000 EUR x 1,8 % Zins p. a. (15 Euro / Monat)
+ 40 000 EUR x 1,8 % Zins p. a. (60 Euro / Monat).
Nach Vollauszahlung fallen keine Bereitstellungszinsen mehr an. Spätestens jetzt beginnt die Tilgung.
= **Damit ergibt sich eine Monatsbelastung von 150 Euro zzgl. Tilgung.**

In der Literatur werden häufig auch Vermittlungsprovisionen, die bei Darlehensvermittlern anfallen, als Finanzierungsnebenkosten benannt. Das wäre jedoch nur dann der Fall, wenn diese Vergütungen extra bezahlt wer-

den müssten und Ihren Geldbeutel zusätzlich belasten. Dem ist aber nicht so. Die Vermittlungsprovision wird vom Finanzierer einige Wochen nach Zustandekommen des Darlehensvertrags direkt an den Darlehensvermittler gezahlt.

Sie als Verbraucher leisten diese Zahlung also nicht selbst. Ihnen sollten im Vorfeld der Vermittlung die ungefähren Bandbreiten der Provisionshöhen vom Vermittler mitgeteilt werden. Diese Bandbreiten befinden sich üblicherweise zwischen 0 bis 1,5 %. In den Vertragsunterlagen der Bank sehen Sie dann den tatsächlich verlangten Eurobetrag. In der Regel ist eine Darlehensvermittlung nicht teurer als der direkte Gang zum Kreditinstitut. Das liegt daran, dass die Beratung an sich, welche der Darlehensvermittler hoffentlich qualitativ gut übernimmt, vom Darlehensgeber nicht mehr geleistet werden muss. Deshalb geben Kreditinstitute von ihrem Verdienst etwas an den Vermittler ab. Der Sollzins der Finanzierung beinhaltet daher bereits eine Provision, durchschnittlich in Höhe von ca. 1 % der Darlehenssumme. Verlangt also ein Vermittler deutlich mehr als 1,5 % Provision der Darlehenssumme für ein Annuitätendarlehen, dann verteuert es Ihren Darlehenszins merklich. In Einzelfällen werden sogar noch Extragebühren vom Vermittler verlangt – spätestens jetzt sollten Sie sich einen anderen Berater suchen. Scheuen Sie sich nicht, Ihren Darlehensvermittler nach der Höhe der Vermittlungsprovision zu fragen.

Anders verhält es sich bei expliziten Honorarzahlungen: Honorare müssen von Ihnen selbst an den Berater gezahlt werden und schmälern damit Ihr Eigenkapital. Diese werden üblicherweise auch dann fällig, wenn Sie keinen Darlehensvertrag von der Bank erhalten.

SONSTIGE KOSTEN

Mit den „sonstigen Kosten" ist eigentlich das gemeint, woran man bei der Planung meistens doch nicht denkt. So dürfen auch die aktuellen Wohnkosten (zum Beispiel Mietzahlungen) nicht vergessen werden. Bis zum eigentlichen Einzug ins neue Zuhause kommen diese natürlich noch dazu und stellen erfahrungsgemäß die größte finanzielle Belastung dar, wenn sich die Bauzeit hinzieht und dadurch mehr und mehr Sollzinsen und Bereitstellungzinsen gezahlt werden müssen.

 S. 99 Die Übersicht soll Ihnen darüber hinaus einen Anreiz geben, sich über die zwangsläufigen Zusatzkosten bei einem Umzug im Klaren zu werden. Fast niemand beschäftigt sich erfahrungsgemäß vor dem Kauf einer Immobilie oder einem geplanten Neubau konkret mit den möglichen Umzugskosten. Diese jedoch nicht zu vergessen und einen Puffer für solche im Vorfeld nicht klar greifbaren Kosten einzuplanen, ist mehr als sinnvoll.

Denken Sie daran, sich acht bis zehn Wochen vor dem Umzug mindestens drei bis fünf verschiedene Angebote von Umzugsfirmen erstellen zu lassen. Die Unterschiede sind gewaltig. Fragen Sie Freunde nach Erfahrungen und Empfehlungen. Für einen reinen Transport, das heißt ohne das Einpacken und die Demontage der Möbel, kann eine Faustformel von 20 Euro pro m² Wohnfläche grob als Anhaltspunkt hergenommen werden. Achten Sie zudem auf Pauschalangebote oder Angebote, die eine bestimmte Zeit beinhalten, also keine reine Stundenabrechnung. Lassen Sie sich im Vorfeld unbedingt ein schriftliches Angebot erstellen, in welchem alle Details wie zum Beispiel die Lkw-Nutzung oder die Anzahl der Umzugshelfer beschrieben sind.

Meist vergrößert man sich mit einem Kauf oder einem Neubau bei der Wohnfläche. Je nachdem, wie groß der Größenunterschied zwischen dem alten und dem neuen Zuhause ist, muss mehr oder weniger in neue Möbel und Einrichtung investiert werden. Neue Lampen, Vorhänge oder Gardinen, Schränke, Küchenmöbel … Hier sind ganz schnell einige tausend Euro zusätzlich ausgegeben. Schließlich möchte man sich auch im neuen Haus wohlfühlen – und das möglichst schnell.

Denken Sie auch an die Ausstattung von Balkon, Terrasse und Garten, wenn das neu hinzukommt.

Bei Bestandsimmobilien gibt es vielleicht auch die Möglichkeit, vom Verkäufer ein paar Möbel abzulösen; natürlich nur, wenn einem das Inventar auch gefällt. Dann spart man sich Zeit und Geld für neue Möbellieferungen.

Berücksichtigen Sie darüber hinaus auch Kleinkosten wie die parallele Zahlung von Telekommunikationsanschlüssen, Ummeldekosten für das Kfz und den neuen Wohnort, Nachsendeaufträge der Post, Anschaffung neuer Technik für Telekommunikation und Internet (Welche Technik liegt an? Welche Anbieter versorgen? Kann ich meinen alten Router weiter nutzen?) und vieles mehr.

Und (fast) das Wichtigste: Behalten Sie sich einen finanziellen Puffer zurück. Hierfür gibt es erst einmal keine einheitliche Pauschale. Sie können sich jedoch die Frage stellen, wie viel Geld notwendig ist, um plötzlich kaputtgehende Dinge wie das Auto, die Waschmaschine oder andere Elektrogeräte schnell zu ersetzen. Darüber hinaus ist es ratsam, den finanziellen Puffer für Bauvorhaben entsprechend höher zu wählen als beim Kauf einer Bestandsimmobilie. Die Kosten für Bauvorhaben sind im Vorfeld einfach etwas schlechter zu planen als für bestehende Häuser oder Wohnungen.

Erfreulich: Wenn Sie bisher in einer Mietwohnung oder einem Mietshaus gelebt haben, dann erhalten Sie Ihre geleistete Kaution zurück. Beachten Sie allerdings, dass es manchmal durchaus einige Zeit dauern kann, bis Sie das Geld zurückbekommen. Bis die Jahresabrechnung für die Nebenkosten er-

stellt wurde, darf der Vermieter zumindest auf einem Teil der Kaution bestehen. Rechnen Sie also nicht damit, sondern behalten Sie es im Hinterkopf und freuen sich, wenn die Zahlung dann geleistet wird.

GESAMTKOSTEN BEI EINER ANSCHLUSSFINANZIERUNG

Bereits zwei bis drei Jahre vor Ablauf Ihrer vertraglichen Zinsbindungsfrist sollten Sie sich erste Gedanken zur Anschlussfinanzierung machen. Zur Ermittlung der Gesamtkosten für Anschlussfinanzierungen ist die Auflistung der bevorstehenden Zahlungen recht klein.

Ein Immobilienbesitzer hat sich, wenn er weiterfinanzieren muss, im Prinzip eine Frage zu stellen: Möchte ich bei meinem bisherigen Darlehensgeber bleiben, das Darlehen also prolongieren (verlängern), oder möchte ich zu einem anderen Darlehensgeber umschulden? Nur bei der Umschuldung kommen Zusatzkosten auf Sie zu, etwa für die Abtretung bestehender Grundschulden oder die Löschung und Neueintragung von Grundschulden.

Die Praxis zeigt, dass sich eine Umschuldung in den allermeisten Fällen finanziell dennoch lohnt. Ähnlich wie die Stromanbieter setzt der alte Finanzierer häufig auf die Trägheit der Kunden. Der Konditionenunterschied zwischen dem alten und dem neuen Darlehensgeber ist oft so groß, dass die Umschuldungskosten in ein bis drei Jahren wieder eingespielt sind.

Bitten Sie Ihren bisherigen Darlehensgeber also um ein Angebot und lassen Sie sich entsprechend zwei bis drei Alternativangebote von Banken oder von Baugeldvermittlern erstellen. Dann können Sie sich in Ruhe für das beste Angebot entscheiden.

DIE GRÖSSTEN KOSTENTREIBER

Zu diesem Thema gibt es bereits viele gut gemeinte Tipps und Ratschläge – sie kommen aus der Familie, von Freunden, aus der Literatur oder dem Internet. Viele sind gut gemeint, aber nützen nicht viel. Sie werden am Ende keinen Anlass zu einem Umzug verspüren, nur weil die Grunderwerbsteuer in Bayern mit 3,5 % am niedrigsten und in Schleswig-Holstein unter anderem mit 6,5 % am höchsten ist. Hier sollen aus der Praxis gängige Kostentreiber bewertet werden.

FAKTOR MENSCH

Die Immobilienfinanzierung hängt sehr stark von den Baukosten und Baupreisen ab. Je niedriger die Baukosten ausfallen, desto weniger müssen Sie sich von fremden Geldgebern leihen. Mit gut vorbereiteten Finanzierungsgesprächen, Zinsvergleichen und cleverem Verhandlungsgeschick können Sie noch zusätzliche Einsparpotenziale heben. Dieses Kapitel soll für Kauf- bzw. Bauwillige eine Entscheidungshilfe sein, die mit dem spitzen Stift rechnen müssen. In dieser Interessengruppe hängt die Entscheidung in die eine oder andere Richtung oft von Kleinigkeiten ab, manchmal vom 20 000 Euro zu teuren Haus oder einem schlecht gelaunten Kreditentscheider, im ungünstigen Fall von beidem.

Die Arbeitsgemeinschaft für zeitgemäßes Bauen e. V. (Arge e. V.) hat im Jahr 2015 einen Bauforschungsbericht über die Kostenentwicklung im Neubausegment herausgebracht. Verglichen wurden die Kosten für ein durchschnittliches, standardisiertes Mehrfamilienhaus in Deutschland für die Jahre 2000 und 2014. Die daraus gewonnenen Ergebnisse sind auch auf den übrigen Wohnungsbau (Einfamilienhaus, Doppelhaus, Reihenhaus und ähnliche) zumindest tendenziell übertragbar. Neben bauordnungsrechtlichen Relevanzen und über die Jahre verschärften Energieeinsparverordnungen wurde in der Studie sehr deutlich herausgehoben, dass der Käufer selbst einen erheblichen Anteil der Preissteigerungen verantwortet. Wie ist das zu erklären?

In Europa leben in Deutschland neben dem statistischen Schlusslicht Schweiz die wenigsten Menschen im Wohneigentum. Das ist ein Phänomen mit langer Tradition. Mit den in den letzten zehn Jahren vor allem in Ballungsräumen galoppierenden Grundstücks- und Baupreisen ist dieser Zustand allein nicht zu erklären. Diejenigen, die bauen oder kaufen, tun das im Bewusstsein, in die wirtschaftlich bedeutendste Entscheidung ihres Lebens zu investieren. Das Motto „Wir bauen nur einmal, dann aber richtig" führt dazu, dass sich das Ausstattungsniveau über die Jahre massiv nach oben verschoben hat. Nicht mehr nur zweckmäßig, sondern repräsentativ und stylisch sollen Küchen und Bäder sein. Die einfache Markenmischhebelarmatur reicht da schon lange nicht mehr aus.

Mit dem Sinn fürs Schöngeistige steigt auch der Flächenverbrauch. Das Statistische Bundesamt hat beim Zensus 2011 ermittelt, dass ein in einer Mietwohnung lebendes Paar mit mindestens einem Kind pro Kopf einen Flächenbedarf von ca. 24 qm hat. Der vergleichbare Haushalt in einer Eigentumswohnung benötigt schon 10 qm mehr pro Kopf – Tendenz steigend: Höher, breiter, länger – passt schon, zumindest bei einem Zinsniveau eines Hypothekendarlehens von 2 % oder darunter. Sie merken schon, hier wird bewusst etwas provoziert oder einfach nur zum Nachdenken angeregt. Es gibt viele Faktoren, die Immobilien verteuert haben, die Sie aber nicht ändern können. Also kümmern Sie sich mehr um die beeinflussbaren Stellschrauben. Denn es gibt ausreichend nennenswerten Spielraum zur Kostenreduktion.

Fragen Sie sich bitte ernsthaft und kritisch: Was will ich? Warum will ich? Für wen will ich? Wie gut oder schlecht lebe ich aktuell damit? Gehen Sie diese vier Fragen gedanklich Raum für Raum vor Ihrer Investitionsentscheidung durch. Wenn am Ende als einziges Argument nur übrigbleibt, dass es Sie stört, dass Sie Geld für Miete und nicht fürs Eigentum ausgeben, haben Sie bereits das größte Einsparpotenzial gehoben: Dann suchen Sie sich ein Objekt, das Ihrem jetzigen Platzbedarf und dem aktuellen Ausstattungsniveau entspricht.

DIE ENERGIEEINSPARVERORDNUN-GEN – FLUCH ODER SEGEN?

Obwohl sie als gegeben hinzunehmen sind, soll an dieser Stelle auf die Energieeinsparverordnung (EnEV) in Verbindung mit dem Erneuerbare-Energien-Wärmegesetz (EEWärmeG) eingegangen werden. Aktuell ist die EnEV 2016 gültig. Diese hat allein die Anforderungen an die Gebäudehülle im Vergleich zur Vorgängerversion um ca. 20 % erhöht. Hinzu kommt die teure Aufrüstung der Anlagentechnik zur Implementierung erneuerbarer Energien. Ein Kaufinteressent wird ohne professionelle Hilfe durch einen Energieberater kaum zu einem brauchbaren Ergebnis kommen, wenn er sich folgende Frage stellt:

Lohnt sich die Investition in einen über den Mindestanforderungen liegenden Standard?

These: Jede Investition in einen darüber liegenden Standard (KfW 55, KfW 40, KfW 40 plus) erhöht trotz staatlicher Subventionen durch die Kreditanstalt für Wiederaufbau (KfW) überproportional die Kosten der Anlagentechnik (Heizung, Warmwasser, Lüftung).

Es geht nicht darum, die guten und sinnvollen Ansätze der politisch gewollten Energiewende und die verschärften Anforderungen im Neubausegment schlecht zu reden. Der eingeschlagene Weg ist richtig und ökologisch sinnvoll. In diesem Abschnitt geht es jedoch auch um wirtschaftliche Komponenten und um Einsparpotenziale. Insofern soll jeder unter diesen Gesichtspunkten seine persönlich abgewogene Entscheidung treffen können.

Ein Praxisbeispiel: Eine gängige Variante, erneuerbare Energien im Einfamilienhaussegment (Neubau) zu nutzen, ist die Installation einer Solarthermieanlage zur Warmwassererzeugung. Für einen 4-Personen-Haushalt schaffen Sie sich eine Anlage mit zusätzlichen Kosten zur Standardheizung von 5 000 Euro an. Die Anlage muss grundsätzlich finanziert werden, wenn das Haus nicht komplett aus Eigenmitteln bezahlt wird. Der Haushalt verbraucht 200 l Warmwasser je Tag oder 73 000 l im Jahr. Für die Warmwassererzeugung wird pro Jahr eine Energie von ca. 4 000 kWh benötigt, umgerechnet ca. 400 Kubikmeter Gas. Für das Beispiel wird ein Gaspreis von 290 Euro (Stand: Frühjahr 2017) unterstellt. Im Bundesdurchschnitt ist davon auszugehen, dass sonnenstundenbedingt die Solaranlage etwa 50 % der Gaskosten einspart. Verbleiben zunächst 145 Euro Ersparnis bei der jährlichen Gasrechnung.

So sieht die Wirtschaftlichkeitsrechnung zu unseren Annahmen aus:

Anschaffungskosten der Solarthermieanlage (die Nutzungsdauer beträgt 25 Jahre): 5 000 Euro	
25 Jahre Volltilgungsdarlehen, geb. Sollzinssatz 2,5 %:	ca. 1 700 Euro
Investitionskosten über den Kredit gesamt:	**6 700 Euro**
Dafür Ersparnis bei der Gasrechnung:	
25 Jahre x 145 Euro/Jahr =	**3 625 Euro**

Rein wirtschaftlich betrachtet müssten die Gaspreissteigerungen in den nächsten 25 Jahren also 6 700 Euro – 3 625 Euro = 3 075 Euro betragen, ehe die Solarthermieanlage sich im Vergleich mit der Gasbrennwertheizung überhaupt rechnet. Ungeachtet dessen ist die Nutzungsdauer der Anlage dann vorüber und eine Ersatzinvestition steht an. Selbstverständlich ist davon auszugehen, dass die Gas- und Energiepreise steigen werden. In welchem Umfang dies geschieht, kann aber niemand vorhersagen. Eventuelle Fördermittel der Länder oder des Bundes wurden im Beispiel nicht berücksichtigt. Diese würden das Ergebnis hinsichtlich der Wirtschaftlichkeit etwas verbessern.

Fazit: Eine Verteufelung von Investitionen in erneuerbare Energien möchte niemand. Es lohnt sich aber, beim Baukostentreiber Anlagentechnik besonders gut hinzusehen und abzuwägen. Auch die Ergebnisse und die politische Umsetzung der Energieeinsparverordnungen basieren auf permanenter Lobbyarbeit. Bezogen auf den Gesamtenergieverbrauch von Immobilien bewegen wir uns im Neubausegment nur noch in kleinen Schritten nach unten, während der deutlich überwiegende Teil der Altbauten ungeniert Energie zum Fenster herausbläst. Einem Passivhaus, welches praktisch keine externe Heizenergiequelle benötigt, wird unterstellt, dass die Raumtemperaturen im Haus durch Sonneneinstrahlung, Abwärme der Leuchtmittel, beim Kochen und durch die Wärmeabgabe der darin lebenden Menschen komfortabel sind. Als die ersten Passivhäuser auf den Markt kamen, gab es noch Glühlampen, die etwa 90 % der eingesetzten elektrischen Energie in Form von Wärme abstrahlten. Die wurden nach und nach abgeschafft und durch

Halogenleuchtmittel ersetzt. Beide gaben im Vergleich zu heute gebräuchlichen LED-Leuchtmitteln relativ viel Wärme ab. Wenn dann von vier Bewohnern zwei voll berufstätig und deren Kinder in der Krippe oder Schule sind, ist zumindest kritisch zu hinterfragen, wodurch es im Winter im Haus kuschelig warm werden soll.

WELCHE KOSTEN KANN ICH BEEINFLUSSEN?

Viele Ratgeber grenzen zunächst empirisch eine ganze Reihe von Begriffen gegeneinander ab wie Baukosten, Rohbaukosten, Baunebenkosten, Grundstückskosten, Erschließungskosten, Hausanschlusskosten, Ausbaukosten usw. Hier sollen Baukosten für den Neubau und Erwerbskosten für den Kauf eines Bestandsobjekts unterschieden werden. Welche Kosten wohin zu sortieren sind, ist zweitrangig. Ob eine Küche nun den Baukosten, Baunebenkosten oder gar den Ausbaukosten zuzurechnen ist, hilft Ihnen nicht weiter. Maßgeblich ist, ob eine Küche Einsparpotenzial bietet oder nicht. Es gilt vielmehr, die Kosten zu unterteilen in: beeinflussbar und nicht beeinflussbar. Wir werden im Folgenden darauf eingehen und sehen, dass sich die belastenden Faktoren hinsichtlich ihrer Beeinflussbarkeit und Nichtbeeinflussbarkeit zahlenmäßig in etwa die Waage halten.

Die einzelnen Faktoren treffen nicht auf jede Immobilie zu. Beim Kauf einer Gebrauchtimmobilie ist die Einflussnahme auf den Baukörper oder den Wohnungszuschnitt natürlich keine Option, mit der Sie Geld sparen können. Einsparpotenzial kann sich bei gebrauchten Immobilien ergeben, wenn sie stark sanierungs- bzw. renovierungsbedürftig sind. Art und Umfang der Maßnahmen, die Wahl der Materialien und vor allem Eigenleistungen (Muskelhypothek) sind hierbei insbesondere zu nennen.

Preistreiber, die ich nicht beeinflussen kann

Nicht beeinflussbare Faktoren sind:

► Grunderwerbsteuer
► Grundsteuer
► Notar- und Gerichtskosten
► Energieeinsparverordnung (EnEV)
► Erneuerbare-Energien-Wärmegesetz
► Bauordnungsrechtliche Anforderungen
► Schallschutz-/Emissionsgutachten
► Archäologische Untersuchungen
► Kampfmittelbeseitigung
► Ökologische Ausgleichsmaßnahmen
► Städtebauliche Wettbewerbe
► Teure Planverfahren
► Einsprüche der Bevölkerung
► Allgemeines Zinsniveau

Es lohnt sich kaum, länger bei diesen Faktoren zu verweilen. Außer bei der Grunderwerbsteuer gibt es bei den anderen Kostentreibern kaum eine Gestaltungsmöglichkeit. Wenn überhaupt, wird die Grunderwerbsteuer für denjenigen interessant, der in der Nähe einer Bundeslandgrenze lebt. Hamburg, Sachsen und Bayern könnten an dieser Stelle überlegenswert sein, zumindest dann, wenn nicht die höheren Bauland- oder Kaufpreise diesen Vorteil wieder zunichtemachen.

Unser Hinweis: Neben dem potenziellen Kostentreiber Grunderwerbsteuer sollten die oben beschriebenen „Grenzgänger" Folgendes beachten. Die Kosten für die Kinderbetreuung sind bundeslandabhängig höchst unterschiedlich. Das sind zwar keine Baukosten, können aber als Lebenshaltungskosten dennoch entscheidungsrelevant werden. In Hamburg ist zum Beispiel die Grundversorgung der Kinder (5 Stunden täglich) bis zur Einschulung beitragsfrei. Wenn Sie für diese Leistung in Schleswig-Holstein zirka 200 Euro monatlich berappen müssen, kommen bei zwei Kindern und einer fünfjährigen Betreuung 24 000 Euro zusätzlich auf Sie zu. Bei drei Kindern sind es schon 36 000 Euro.

Preistreiber, auf die ich Einfluss nehmen kann

→ S. 103 Lage des Objekts: Für die Attraktivität, aber auch für die Verwertbarkeit eines Objekts gibt es für Immobilienkenner genau drei Kriterien: 1. die Lage, 2. die Lage, 3. die Lage.

Und trotzdem wohnen nicht alle Menschen in Berlin, Dresden, Hamburg oder München. Die eine richtige Lage gibt es nicht. Der Wunschort, an dem man investieren möchte, hängt von vielen Kriterien ab. In erster Linie muss man sich dort wohlfühlen, das Objekt muss bezahlbar sein, die Infrastruktur muss den heutigen und künftigen familiären Ansprüchen genügen. Wenn Sie dann versuchen, diese Kriterien möglichst objektiv zu betrachten, passt die Lage meist. Worauf ist zu achten? Die Landflucht hat die Stadtflucht wieder abgelöst. Immer mehr Menschen können sich vorstellen, in der Stadt zu leben. Die Abgrenzung der Stadt vom Land fällt dabei schwer. Keine Studie hat eindeutig zeigen können, wo das Land eigentlich anfängt. Es liegt, wie immer, im Auge des Betrachters. Ist Land schon der Vorort einer mittelgroßen Stadt? In solchen Grenzfällen

Künftige Pendler?

Seien Sie ehrlich zu sich und Ihren Finanzen. Wer weiter rausziehen will, benötigt oftmals ein zweites Auto. Neben geringerer Freizeit aufgrund längerer Arbeitswege kostet so ein Fahrzeug zusätzlich eine Stange Geld, zumindest unter einer Vollkostenbetrachtung. Bereits ein Neuwagen der Golfklasse kostet effektiv unter Berücksichtigung von Spritkosten, Versicherung, Steuern und Wertverlust etwa 7 000 Euro pro Jahr. Wer hier nur mit Benzinkosten, Kfz-Steuer und Versicherung rechnet und in seinen Finanzplan 200 Euro je Monat einträgt, macht sich etwas vor.

jedenfalls unterscheidet sich das Preisniveau oftmals nicht oder nur sehr gering. Wenn Sie nicht ohnehin aus der Region stammen, informieren Sie sich über das Preisniveau. Ein gutes Gefühl bekommen Sie dafür bei Durchsicht der einschlägigen Internetportale wie www.immobilienscout24.de, www.immowelt.de, www.immonet.de und www.ivd24immobilien.de, um nur ein paar zu nennen.

Objektart und Grundstücksgröße: Diese beiden Preisfaktoren sind eng miteinander verknüpft. Die Grundstücksgröße ist nur dann unbedeutend, wenn Sie eine Eigentumswohnung kaufen. Dann dreht sich alles um die Wohnung und weniger um die Größe des Grundstücks.

Wenn Ihre Entscheidung stark vom Geldbeutel geprägt ist, besteht eine enge Abhängigkeit zwischen Grundstücksgröße und Haus. Das Reihenhaus benötigt weniger Grundstücksfläche als die Doppelhaushälfte, die wiederum weniger als das freistehende Einfamilienhaus. Relativ gesehen sind jedoch die Preise je Quadratmeter für kleinere Grundstücke höher. Je nach Lage (städtisch oder außerhalb) und den Festsetzungen im Bebauungsplan zur maximalen Bebaubarkeit sollten Sie bei Einfamilienhäusern mit Grundstücksgrößen von 400 bis 800 qm, bei Doppelhaushälften von 250 bis 400 qm und bei Reihenhäusern von 150 bis 300 qm kalkulieren. Wenn Sie mit einem Einfamilienhaus auf einem kleinen Grundstück liebäugeln, sollten Sie sich über die nicht wirklich vorhandene Privatsphäre im Klaren sein. Beim Frühstück auf der Terrasse können Sie dann Ihre Marmeladensorte vor dem Nachbarn nicht geheim halten. Nicht, dass dies im Reihenhaus anders wäre, die potenziellen Käufer wissen nur um diese Situation.

Die Entscheidung für oder gegen einen Keller: Über den Sinn oder die Notwendigkeit eines Kellers abzuwägen, findet mancherorts nicht rational statt. Vielmehr spielen regionale Gewohnheiten eine große Rolle. Während bis in die frühen 1980er Jahre praktisch zu jedem Haus zwangsläufig auch ein Keller gehörte, gilt diese Regel heute nicht mehr – jedenfalls nicht mehr in der norddeutschen Tiefebene. In Bayern hingegen fällt es schwer, einen Bauwilligen vom Keller abzubringen.

Dachgeschoss- und Spitzbodenausbau schaffen heute alternativ den notwendigen Raum und die Abstellflächen. Heizungsanlagen sind kompakt und viel leichter als früher. Also spricht nichts dagegen, die Technik auf dem Dachboden aufzustellen. Kurzum: Bei kluger Planung und geschickter Bauweise mangelt es im norddeutschen Haus nicht an Platz. Für Fahrräder und Gartengeräte sind dann allerdings Alternativen in Form eines Gartenhauses oder eines an den Carport grenzenden Schuppens einzuplanen.

Die Kosten für einen nicht zu Wohnzwecken ausgebauten Keller bei einem durchschnittlich großen Einfamilienhaus liegen zwischen 40 000 und 50 000 Euro. Dieses Geld werden Sie jedoch nicht gänzlich einsparen können. Unter Einplanung von Ersatzmaßnahmen – vielleicht ein paar Quadratmeter mehr Bodenplatte, diese besser gedämmt, und den Schuppen – können Sie von einer Ersparnis von etwa 50 %, also rund 20 000 bis 25 000 Euro ausgehen. Und: Im Gegensatz zum Kellerbau kann auch ein Laie den Dachboden mit etwas handwerklichem Geschick selbst ausbauen.

Für Reihen-/Doppelhäuser ist ein Keller wegen der geringeren Grundstücksgröße eher zwingend, wenngleich auch darauf im Norden häufig verzichtet wird.

Die Bauweise: Kompakt, schnörkellos, wenig Vor- und Rücksprünge, viel Fensterfläche nach Süden – so oder ähnlich sieht heute das Idealbild eines Hauses aus. Dabei ist es egal, ob das Haus freistehend oder ein Reihenhaus ist. In dieser Weise gebaut, müssen sie nicht jeden geschmacklich überzeugen, gelten aber als zeitgemäß und verfügen über eine vergleichsweise minimale Oberfläche, das heißt einen energetisch optimalen Bau-

> ### Was die Grunderwerbsteuer bestimmt
>
> Grunderwerbsteuer werden Sie beim Erwerb von Reihenhaus oder Doppelhaushälfte gegenüber dem Einfamilienhaus trotzdem nicht sparen. Zumindest dann nicht, wenn Sie das Grundstück für ein Einfamilienhaus zuerst erwerben und sich dann den Bauunternehmer/Generalunternehmer – der darf nicht Ihr Grundstücksverkäufer sein – suchen oder mit Architekt (gegebenenfalls sogar in Eigenregie) bauen. Für das Reihenhaus oder die Doppelhaushälfte wird der Grund und Boden meist vom gleichen Unternehmen gekauft, das auch das Haus verkauft (einheitliches Vertragswerk), was die Grunderwerbsteuer nach oben treibt.

körper. Diese Behauptung lässt sich am Preis sehr leicht überprüfen, wenn man die Kataloge verschiedener Fertighaus- bzw. Typenhaushersteller durchblättert. Jede Gaube oder Erker, jeder Balkon oder eine Dachterrasse, jede Ecke und jeder Zusatzgiebel erhöhen die Baukosten überproportional.

Beispiel: Sie planen ein Haus, im Grundriss rechteckig, eingeschossige Bauweise mit Satteldach. Die Alternative ist ein Haus mit den gleichen Maßen. An einer der Längsseiten soll aber zusätzlich ein Friesengiebel mit überdachtem Eingangsbereich entstehen. Auf der gegenüberliegenden Seite soll eine fünf Meter breite Gaube eingezogen werden, und die Kinder erhalten auf der Giebelseite einen Balkon, auf den sie von ihren Zimmern aus heraustreten können.

Die Mehrpreise betragen für den Friesengiebel ungefähr 10 000 Euro, den Balkon ungefähr 5 000 Euro und die Gaube ungefähr 5 000 Euro.

Sie geben schon hierfür 20 000 Euro zusätzlich aus und gewinnen etwa acht Quadratmeter Wohnfläche hinzu. Auch wenn die

Rentiert sich das?

Sprechen Sie mit Ihrem Architekten das Bauvorhaben im Detail durch, dabei besonders den Teil der technischen Anlagen. Sind Sie ein Technik-Freak und können oder wollen sich High-End-Produkte leisten? Gut für den Architekten, der dann nur noch umsetzen muss. Wenn nicht, konfrontieren Sie ihn mit dem Amortisationsbeispiel der Solarthermieanlage. Er weiß dann, dass Sie sich erstens mit dem Thema beschäftigt haben und Sie zweitens ein ernst zu nehmender Verhandlungspartner sind. Stellen Sie die Investitionsmehrkosten den Vorteilen der Finanzierung der KfW gegenüber. Grundsätzlich gilt, dass Sie heute ein Mindestmaß an „Erneuerbare-Energien-Technik" implementieren müssen, selbst wenn sich diese Anschaffungen nur über einen langen Zeitraum rechnen. Wenn die Kosten feststehen, kann Sie dann ein guter Finanzierungsberater bei der Suche nach einer zinsbewussten Finanzierungslösung unterstützen.

Relation Mehrpreis zu Wohnfläche noch stimmig ist, sollte die Überlegung sein: Benötige ich das Mehr an Wohnfläche oder finde ich eine Lösung durch geschicktes Möblieren?

Der Effizienzstandard: Neben der Verteuerung bei der Anlagentechnik ergab die Studie der Arbeitsgemeinschaft für zeitgemäßes Bauen e. V., dass die mittlere Nutzungsdauer des „typischen" Referenzgebäudes (Mehrfamilienhaus) unter steuerrechtlichen Aspekten nur 36 Jahre beträgt. Der Baukörper im Rohbauzustand hat eine Nutzungsdauer von 50 Jahren, der Gebäudeausbau samt der Anlagentechnik nur von 28 Jahren.

Wie sind die steuerrechtlichen Vorteile gemeint? Ein vermietetes Neubauobjekt kann der Eigentümer 50 Jahre lang mit 2 % AfA abschreiben. 50 Jahre x 2 % = 100 %. Danach beträgt der steuerliche Wert der Immobilie 0,00 Euro. An jahrhundertealten Häusern und deren Preisen lässt sich ablesen, dass die wirtschaftlichen Werte solcher Häuser immer noch gegeben sind. Für die Anlagentechnik im Speziellen gilt das nicht. Deren Lebenszyklus ist, wie im Beispiel der Solarthermie-Anlage beschrieben, nach 25 Jahren vorüber, und sie muss ersetzt werden. Je aufwändigere und komplexere Technik verbaut wird, desto teurer ist sie und desto mehr muss für die Reinvestition zurückgelegt werden.

Um trotzdem Anreize zu schaffen, diese Anlagentechnik zu verbauen, hat die Kreditanstalt für Wiederaufbau (KfW) spezielle Kreditprogramme aufgelegt. Hiermit sollen Kreditnehmer, die in besonders effiziente Neu- und Altbauten investieren, mit niedrigen Zinssätzen und teilweise mit Zuschüssen belohnt werden. Wenn Sie diese Förderung in Anspruch nehmen möchten, planen Sie unbedingt mit einem Architekten oder Bauingenieur. Nur er/sie kann Sie hinsichtlich der sinnvollen Maßnahmen angemessen beraten. Wählen Sie dazu am besten eine neutrale Person, die ansonsten an der Errichtung des Objekts nicht beteiligt ist. Idealerweise ist der Architekt/Bauingenieur gleichzeitig Ihr Planer. Darüber hinaus ist es vorteilhaft, wenn dieser auch noch bei der KfW eingetragener Energieberater ist. Denn nur diese gelisteten Personen sind zur Baubegleitung berechtigt, schicken auf dem Bau verwendete Materialien zur Kontrolle ein und dokumentieren das Vorhaben. Zur Klarstellung: Diese Anforderungen gelten nur, wenn Sie Darlehen bei der KfW aufnehmen wollen. Zweifelsfrei sollte nicht an der Dämmung des Hauses und an hochdämmenden Fenstern gespart werden. Insbesondere bei den Dämmstoffen gibt es aber erhebliche Preisunterschiede. Die Dämmwirkung im Winter ist dabei vergleichbar. Je wirksamer ein zusätzlicher Schutz vor sommerlicher Wärmeeinwirkung ist, desto teurer wird der Dämmstoff.

Eigenleistungen und Bauzeit: Verfügen Sie nicht über viel Freizeit und besonderes handwerkliches Geschick, sind Eigenleistungen und Bauzeit immer in einem engen zeitlichen und wirtschaftlichen Zusammenhang, manchmal auch Konflikt, zu sehen.

Die Bauzeit spielt auch ohne Eigenleistungen bei einem schlüsselfertigen Objekt eine Rolle. Je länger die Bauzeit andauert, desto bedeutsamer wird die Doppelbelastung durch Bauzeitzinsen und gegebenenfalls Mietbelastungen, die während der Bauphase weitergezahlt werden müssen. Achten Sie deshalb darauf, dass Sie bei Objekten, die einen in Bezug auf den Zeitpunkt des Darlehensvertragsabschlusses späten Fertigstellungstermin haben, eine möglichst lange bereitstellungszinsfreie Zeit vereinbaren. Beträgt die Bauzeit bei Ihnen etwa 18 Monate, und Sie zahlen ab dem 4. Monat der Bauzeit Bereitstellungszinsen, heißt das, dass Sie ab diesem Zeitpunkt eine mindestens gleich hohe Zinsbelastung einrechnen müssen wie nach dem Einzug.

Bei Fertighausherstellern und manchen massiv bauenden Typenhausherstellern können Sie bereits nach drei Monaten einziehen. In diesem Fall spielen Bauzeitzinsen und parallel laufende Miete keine nennenswerte Rolle. Dauert es aber, wie erwähnt, 18 Monate bis zum Einzug, müssen Sie bei einer angenommenen Kaltmiete von 800 Euro pro Monat insgesamt 10 400 Euro mehr Miete einrechnen als bei einer Bezugsfertigkeit nach bereits drei Monaten.

Wenn Sie Eigenleistungen einplanen und Ihnen gleichfalls ein schlüsselfertiges Angebot vorliegt, fragen Sie Ihren Bauunternehmer/-träger gezielt nach den Preisen der Einzelgewerke, die Sie selbst erledigen wollen. Versuchen Sie ihm ebenfalls zu entlocken, in welcher Zeit mit wie vielen Handwerkern er die einzelnen Arbeiten erledigt. Die Anzahl der Arbeitstage multipliziert mit der Anzahl der Handwerker im jeweiligen Gewerk ergibt die Anzahl der sogenannten „Manntage". Berücksichtigen Sie zusätzlich, dass Sie als Baulaie je nach Schwierigkeit deutlich mehr Manntage benötigen als routinierte Bauprofis.

Beispiel: Eigenleistungen kalkulieren

Sie bauen ein Einfamilienhaus und wollen die Rigipsplatten im Dachgeschoss selbst anbringen und verspachteln. Und die Malerarbeiten wollen Sie im ganzen Haus selbst erledigen.

Der Maler, der auch den Trockenbau anbietet, kalkuliert dafür 10 Arbeitstage mit 2 Handwerkern. Sie vereinbaren mit ihm einen Festpreis von 7 200 Euro inkl. MwSt. zuzüglich Material. Als Faustformel gilt, dass auch ein handwerklich versierter Laie doppelt so lange benötigt wie ein Profi.

Einen 8-Stunden-Tag unterstellt, arbeiten die Handwerker bei Ihnen 10 Arbeitstage x 2 Handwerker x 8 Stunden = 160 Stunden. Das bedeutet für Sie, die doppelte Zeit = 320 Stunden einzurechnen. 320 Stunden entspricht einer Vollarbeitsstelle von 2 Monaten. Darüber hinaus benötigen Sie bei diesen Arbeiten zumindest zeitweise mehr als zwei Hände.

Fazit: Überlegen Sie am Beispiel dieses Gewerks, das sich im Vorfeld viele durchaus zutrauen, realistisch, ob Sie diese Eigenleistung erbringen können und wollen. Neben Beruf, Haushalt und Kinderbetreuung haben Sie bereits viel mit der Bauorganisation, -kontrolle und der Auswahl der Materialien zu tun. Ihre Belastbarkeit können nur Sie selbst einschätzen, ebenso die Anzahl der helfenden Hände im Familien- und Freundeskreis. Die Zeit, die Sie länger benötigen, zahlen Sie länger Miete, die Sie rechnerisch von der obigen Malerrechnung noch abziehen müssen.

Info Bauhelfer versichern

Für alle Arbeiten, die Sie nicht durch Fachbetriebe erledigen lassen, müssen Sie Ihre Helfer gegen Unfallschäden versichern. Die Versicherung erfolgt über die Berufsgenossenschaft der Bauwirtschaft – BG Bau – und ist zwingend vorgeschrieben. Bauherren, Ehepartner und eingetragene Lebenspartner müssen nicht versichert werden. Leben Sie in „wilder Ehe" zusammen und ist nur einer von Ihnen Bauherr/Eigentümer, so ist der jeweils andere versicherungspflichtig. Die Beitragssätze von 1,21 € (Ost) und 1,40 € (West) je Stunde sollten Sie einplanen. Gerne versuchen sich Bauherren vor dieser Pflicht durch die Nichtmeldung von Bauhelfern oder zu geringe Stundenzahlen zu drücken. Die BG Bau schaut sehr genau, auch, um Schwarzarbeit zu verhindern, inwieweit die Eigenleistungen im Kontext der Berufsausausübung zeitlich überhaupt darstellbar sind. Schon viele Bauherren hat sie so in Argumentationsnöte gebracht. Wird man beim Schummeln erwischt, sind neben den Beiträgen auch Bußgelder fällig.

Ausstattungsniveau und die Kunst des Verzichtens: Den Käufer bzw. Bauherrn als einen der maßgeblichen Preistreiber haben wir schon entlarvt. Manchmal stehen dem langgehegten Wunsch, eine eigene Immobilie zu besitzen, festgefahrene Vorstellungen vom Traumhaus entgegen. Schade eigentlich, denn viele Ausstattungsdetails, die man sich vielleicht zunächst nicht leisten kann, können bei späteren Renovierungen noch realisiert werden. Deswegen ganz auf das Objekt zu verzichten, wäre unklug und ein unnötiger Verzicht auf einen Baustein für eine solide Altersversorgung.

Welche Kostentreiber gibt es noch zu beachten?

Da sind in erster Linie die Küchen und Bäder zu nennen. Das sind Räume, in denen die Ausstattung von funktional bis luxuriös reicht und Preisunterschiede für denselben Zweck erfüllende Gegenstände ein Vielfaches ausmachen. Neben dem Niveau der Ausstattungen gilt ein besonderes Augenmerk der Anzahl. Ist eine Küche in der Wohnung üblich, stellt sich die Frage nach der Anzahl der Bäder und WCs.

Die Bäder: Das Hauptbad im Obergeschoss, Gäste-WC mit Dusche im Erdgeschoss und im Keller das Duschbad für die Körperpflege nach schweißtreibender Garten-

arbeit. Sie sind familiär gut organisiert und kommen mit einem Bad aus? Sie haben vier oder fünf Mal im Jahr Übernachtungsgäste? Benötigen Sie deshalb für die paar Tage im Jahr eine separate Dusche? Die Duschtasse haben Sie im Baumarkt für nur 150 Euro gesehen? Das wäre doch ein schlagendes Argument für eine zusätzliche Dusche.

Das Geld wird jedoch nicht für die Duschtasse oder Badewanne in dieser Preisklasse – übrigens ein Preis für ein jeweils funktionales Qualitätsprodukt – verbraucht, sondern für die Installateurleistungen im Rohbau und bei der Montage. Eine zweiseitige Duschabtrennung gehört auch dazu. Spätestens wenn Sie dafür 300 Euro verbaut haben, holt Sie nach kurzer Zeit leider die Wirklichkeit ein: Eine hängende Tür und schlecht sauber zu halten, lautet dann die „Frustformel". Für ein Qualitätsprodukt geben Sie hier leicht 1 000 Euro und mehr aus.

Und achten Sie darauf, dass Räume mit Wasser- und Abwasseranschlüssen möglichst nebeneinander- bzw. übereinanderliegen. Das spart auch nochmal Installationskosten.

Die Küche: Eine qualitativ ordentliche Küche mit Marken-Elektrogeräten gibt es sowohl in Möbelhäusern als auch in Küchenstudios zu Preisen von 5 000 bis 6 000 Euro. Lassen sich Küchen nach Standardmaßen wie die oftmals ausgestellten Küchenblocks räumlich integrieren, sinken die Preise bei gleicher Qualität von Möbeln und E-Geräten sogar. Wünsche nach einem separaten Backofen, Dampfgarer und Mikrowelle in Brusthöhe lassen sich allerdings mit diesem Budget nicht realisieren.

Das Verbrauchermagazin „Markt" im NDR-Fernsehprogramm hat bereits in einem Test im Jahr 2010 die Preisfindung von Möbelketten und Einzelhändlern verglichen. Trotz plakativer „Rabattschlacht" der Möbelhäuser war ein und dieselbe Küche um 34 % bzw. 39 % teurer als im Küchenstudio. Küchenstudios sind nicht so teuer wie gemeinhin angenommen.

Bereits im mittleren Preissegment erhält man bei den verschiedenen Herstellern gute Ware. Höhere Preise ergeben sich aus:

▶ speziellen und individuellen Anordnungen wie Insellösungen
▶ besonderen Schrank- bzw. Auszugssystemen
▶ Material und Zusammensetzung der Möbelfronten und der Griffe
▶ Wahl der Gerätehersteller und Ausstattungsumfang der Geräte

Das Innenleben der Möbel wie der Korpus selbst, Scharniere und Gleitlager unterscheiden sich dabei bei einem Hersteller kaum. Die „Soft Closing"-Funktion der Auszugschubladen funktioniert bei der Küche für 5 000 Euro genauso gut wie bei der für 15 000 Euro. Auch die Außen- und Nebenanlagen können auf der Kostenseite ins Gewicht fallen. Die massive Doppelgarage mit Verblendmauerwerk, eine gepflasterte Zufahrt, die professionelle Gartenplanung und -umsetzung, und schon sind die nächsten 50 000 Euro verplant.

Wer sparen will, kann das hier kräftig tun. Wer jahrelang Laternenparker war, wird sich nicht daran stören, dass er noch drei weitere Jahre im Winter seine Autoscheiben kratzt, bis er das Geld für den Carport angespart hat.

Auch eine Gartenanlage darf sich entwickeln. Wer sich zunächst für eine pflegeleichte Anlage mit viel Rasenfläche entscheidet, hat schon einmal eine Spielwiese für die Kinder und zugleich den Dreck und Staub verbannt. Eine zeitlich um den Einzugstermin liegende Pflasterung der Grundstückseinfahrt, der Wege und Terrasse ist empfehlenswert und sinnvoll. Wenn Sie diese Arbeiten finanziell nicht stemmen können, sollten Sie an anderer Stelle einsparen oder eine andere Wohnform wählen. Anders als bei Autos, die überdacht stehen können, sollten Sie nicht mit einem brauchbaren Unterstand für Fahrräder und Gartengeräte zögern, wenn Sie keinen Keller zur Verfügung haben.

Mehrere Angebote vergleichen!

Holen Sie mindestens drei Angebote ein. Gehen Sie mit Ihren Vorstellungen von einer Küche und Ihrem Budget zunächst in ein Küchenstudio eines Einzelhändlers. Liegt er mehr als 10 % oberhalb Ihres Budgets, brechen Sie das Gespräch ab. Er hat schlicht Ihre Aufgabenstellung nicht erfüllt. Wenden Sie sich zunächst an einen weiteren Einzelhändler, bevor Sie die großen Möbelketten aufsuchen. Wenn Sie damit leben können, fragen Sie nach Ausstellungsküchen oder im Gerätesegment nach Ausstellungsstücken, die durch anstehende Neuware zusätzlich rabattiert werden.

Kreditgeber und Zinskonditionen: Ein gutes Gelingen Ihres Bauvorhabens hängt sehr stark von Ihrem Architekten/Bauingenieur und Ihren sonstigen geschäftlichen Baupartnern ab. Deren erfolgreiches Zusammenwirken und Ihr kritischer Blick auf das Budget bestimmen die Baukosten und damit letztlich auch Ihre Finanzierungskosten. Es liegt an Ihnen, neben der Wahl Ihres Finanzierungspartners die Baukosten nicht explodieren zu lassen.

Es ist wichtig, Ihren Finanzierungsberater nach den gleichen Kriterien auszuwählen wie die Baupartner. Vertrauen, Qualität und Preis sind auch hier zuerst zu nennen. Wer allerdings glaubt, in einer Niedrigzinsphase können sich die Marktteilnehmer preislich nicht mehr nennenswert unterscheiden, irrt. Günstigere Kostenstrukturen, Rabattaktionen, Volumen- statt Ertragsstreben sorgen beim gebundenen Sollzins schon einmal für Zinsunterschiede je nach Finanzierungsanlass von 0,3 % p. a. und mehr. Die folgenden Beispiele sollen zeigen, warum sich auch das Sparen bei der Finanzierung lohnt.

Sparen bei der Finanzierung

Ausgangssituation: Grundschulddarlehen, gebundener Sollzins für 10 Jahre 2 % p.a., anfängliche Tilgung ebenfalls 2 %.

Beispiel 1: Sie müssen ein Einfamilienhaus mit 500 000 Euro fremd finanzieren.

Das ergibt eine Annuität von:

500 000 €
x (2 % geb. Sollzins + 2 % Tilgung =) 4 %
= 20 000 Euro/Jahr oder 1 667 Euro/Monat.

Beispiel 2: Der nächstbeste, Ihnen angebotene gebundene Sollzins liegt bei 2,3 % p.a. Die Rate läge bei diesem Angebot bei 1 792 Euro. Diese Annuität wäre jeden Monat 125 Euro teurer. Durch Angebotsvergleiche und/oder geschicktes Verhandeln beim ersten Anbieter können Sie also hier Monat für Monat 125 Euro sparen oder sinnvoller ausgeben.

Der Vergleich

	Beispiel 1	Beispiel 2
Monatliche Rate/ Annuität	1 667 Euro	1 792 Euro
Restschuld nach 10 Jahren	389 400 Euro	387 685 Euro
Tilgungsanteil nach 10 Jahren	110 600 Euro	112 315 Euro
Gezahlte Zinsen nach 10 Jahren	89 400 Euro	102 685 Euro

Markant ist der deutliche Unterschied in den Zinsaufwendungen (bei nur geringem Tilgungsvorteil). Bei dem 0,3 % günstigeren Darlehen 1 haben Sie nach 10 Jahren bereits 13 285 Euro weniger Zinsen an die Bank gezahlt.

Entsprechend Ihrem eigenen Finanzbedarf, den Sie mit dieser Arbeitsmappe ermittelt haben, können Sie dieses Beispiel mithilfe des Dreisatzes leicht umrechnen. Liegt Ihr Finanzbedarf beispielsweise bei 350 000 Euro, rechnen Sie bei einem gebundenen Sollzins aus Beispiel 1:

Ihre Zinsaufwendungen nach 10 Jahren = 89 400 Euro : 500 000 Euro (Finanzbedarf Beispiel 1) x 350 000 Euro (Ihr aktueller Finanzbedarf) = 62 580 Euro. Diese Berechnung können Sie für die Rate oder die Restschuld gleichfalls vornehmen.

Was spare ich durch meine zurückhaltende Planung?

Bei dem Einsparpotenzial zur Bauweise wurde bereits dargelegt, wie schnell sich 20 000 Euro weniger durch Weglassen von Friesengiebel, Gaube und Balkon erzielen lassen.

Weitere realistische Einsparmöglichkeiten:

Verzicht auf Keller bei Ausgleichsmaßnahmen:	20 000 Euro
Küche mit klaren Grundformen, E-Geräte Mittelklasse:	7 000 Euro
Optimierung Anzahl Bäder und Ausstattung:	5 000 Euro
Verzicht auf Garage und professionelle Gartenanlage:	15 000 Euro
Rollläden nur auf der Südseite zum Wärmeschutz:	3 000 Euro
Materialeinsparung Bodenbeläge:	3 000 Euro
Zimmertüren / Griffgarnituren einfacher Standard:	2 000 Euro
Summe:	**55 000 Euro**

Zusammen mit den 20 000 Euro aus den Einsparungen bei der Bauweise ergibt sich bereits eine Option zur Baukostenoptimierung in Höhe von 75 000 Euro. Zeitintensive Eigenleistungen sind hier noch unberücksichtigt.

Dies sind lediglich Beispiele und nicht auf jede Hausplanung übertragbar. Insbesondere diejenigen, die bereits zuvor mit sehr spitzem Stift gerechnet und sich bei Wohnfläche und Ausstattung zurückgehalten haben, werden hier keine Quantensprünge in der Kostenreduktion mehr erzielen.

Die Anlagentechnik haben wir bewusst ausgeklammert. Die Anforderungen an die

Standards als auch die Ausgestaltung von Zuschüssen und Zinssätzen wechseln. Wirtschaftlichkeitsberechnungen lassen sich nur zeitnah zum Kauf- oder Bauvorhaben sinnvoll durchführen.

Vergleich nach Einsparungen von 75 000 Euro

	Beispiel 2	Beispiel 3
Monatliche Rate	1 792 Euro	1 523 Euro
Restschuld nach 10 Jahren	387 685 Euro	329 532 Euro
Tilgungsanteil nach 10 Jahren	112 315 Euro	95 468 Euro
Gezahlte Zinsen nach 10 Jahren	102 685 Euro	87 283 Euro

Beispiel 3: Sie müssen die eingesparten 75 000 Euro weniger finanzieren als im Beispiel 2, sonst gleiche Bedingungen: Bereits nach der ersten 10-jährigen Sollzinsbindung haben Sie 15 402 Euro an Zinsen eingespart. Durch die gute Recherche von Kreditgeber und Kondition (zum Beispiel -0,3 %) erhöht sich der Kostenvorteil ca. um weitere 11 000 Euro – wohlgemerkt nur für den Zeitraum der ersten 10 Jahre. So werden aus einer anfänglich disziplinierten Planung bis zur vollständigen Tilgung des Darlehens aus 75 000 Euro Baukosteneinsparung auch 125 000 Euro oder mehr (je nach Zinsniveau).

Fazit

Sparen ist jedermanns Sache. Aber es kommt immer darauf an, wofür. Für drei Cent je Liter günstigeres Benzin nehmen wir schon einmal einen Umweg in Kauf. Wohnungskauf oder Hausbau ist weder in der Planungs-

S. 105
S. 107

noch in der Durchführungsphase nebenbei erledigt, sondern kostet viel Energie und Zeit. Der bequeme Weg nur zur Hausbank ohne zinsbewusste Vergleiche kann deshalb kaum die beste Lösung sein.

Wenn Notwendigkeiten zum Sparen zwingen, sollten Sie dabei einen sportlichen Ehrgeiz entwickeln. Selbst zu gestalten erhöht langfristig die Akzeptanz der Maßnahmen. Spätestens, wenn Ihre Nachbarn nach der ersten Zinsfestschreibung und doppelt so hohen Zinsen ihr Haus verkaufen müssen, wissen Sie, warum Sie damals besonnen kalkuliert haben.

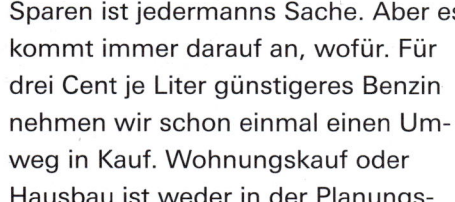

S. 109

Ausfüllhilfe
In welchen Gewerken …

Diese Aufstellung soll Ihnen einen Überblick geben, wo bei einem Hausneubau oder Immobilienkauf Einsparmöglichkeiten zu erwarten sind.

Wo es sinnvoll ist, sind diese mit Wertangaben unterlegt. Preisdifferenzen ergeben sich zum Beispiel durch unterschiedliche Materialien. Diese beziehen sich auf ein 130–150 Quadratmeter großes Einfamilienhaus (Neubau).

Bei Altbauten sind die Werte nicht immer übertragbar. Durch Ausbau, Entsorgung, Rückbau und Ähnliches können sie teilweise auch höher liegen.

In jedem Fall verdienen es die Kriterien, darüber nachzudenken. Wer später beim Bauen feststellt, dass ihm die Kosten aus dem Ruder laufen, findet hier mitunter dann schon angedachte Ansatzpunkte zur Kostenbegrenzung.

Der Bauherr, der ohnehin schon im unteren Preissegment kalkuliert, kann an diese Einsparpotenziale natürlich nicht so große Erwartungen haben.

WIE VIEL HAUS KANN ICH MIR LEISTEN?

Ein Darlehensgeber beurteilt Ihre Immobilienfinanzierung grob aus drei verschiedenen Blickwinkeln. Diese sind erstens die langfristig finanzielle Tragfähigkeit der Monatsraten, zweitens die Bewertung der Immobilie an sich und drittens das Gesamtrisiko, welches von der Höhe des eingesetzten Eigenkapitals abhängt. Der letzte Punkt entscheidet am stärksten über die Höhe des Zinssatzes der Finanzierung. Je mehr Eigenkapital Sie in die Finanzierung einbringen können, desto niedriger wird der Kreditzins.

IHRE MONATLICHEN EINNAHMEN

Zunächst gehen wir auf die finanzielle Tragfähigkeit der Monatsraten, auch Kapitaldienstrechnung oder Haushaltsrechnung genannt, ein. Aus Sicht des jeweiligen Darlehensgebers wird hierbei geprüft, ob Sie bei Betrachtung Ihrer Einkommenssituation und nach Abzug aller Kosten in der Lage sind, die Monatsraten langfristig zu leisten. Wohlgemerkt, immer aus Sicht des Darlehensgebers. Die Herangehensweise, dies zu prüfen, wird in der Praxis nämlich durchaus unterschiedlich gehandhabt. Das Wichtigste ist daher vorerst: Machen Sie sich unbedingt klar, was Sie monatlich für die Rückzahlung Ihres Immobiliendarlehens aufbringen wollen und vor allem auch können. Je besser Sie sich in den eigenen Finanzen auskennen, desto sicherer können Sie mit der Entscheidung des Immobilienkaufs umgehen. Insbesondere, wenn man sich noch einmal vor Augen hält, dass diese Entscheidung für die kommenden 20 bis 30 Jahre getroffen wird. Darüber hinaus gibt einem diese Kenntnis auch Sicherheit bei den Gesprächen mit Darlehensgebern oder Baugeldvermittlern.

 S. 113 Nutzen Sie die Übersicht „Ihre aktuelle Haushaltsbilanz" und rechnen Sie sämtliche Einnahmen zusammen. Bei Angestellten ist das Nettoeinkommen, das heißt Lohn oder Gehalt nach Steuern und Abgaben, recht einfach zu ermitteln. Es entspricht in der Regel dem vom Arbeitgeber überwiesenen Geldbetrag. Beachten Sie dabei, ob hier eventuell das Kindergeld schon mitberücksichtigt wurde oder nicht. Ebenso gilt es zu prüfen, wie der Krankenversicherungsbeitrag hierbei bereits Beachtung gefunden hat. Renten und Pensionen zählen wie Gehalts- oder Lohnzahlungen.

Gehen Sie bei der Erstellung der Haushaltsrechnung vorerst von der aktuellen Ist-Situation aus. Behalten Sie jedoch auch Ihre voraussichtliche Einkommens- und Ausgabenbilanz in den kommenden Jahren für Ihre Planung im Kopf. Machen Sie sich Gedanken zur Familienplanung, einer längeren beruflichen Auszeit oder anderen persönlichen Zielen, die Sie erreichen möchten. Mit diesen Themen sollten Sie sich im Vorfeld beschäftigen, um rechtzeitig solche finanziellen Engpässe bei Ihrer Planung zu berücksichtigen. Fällt zum Beispiel ein Einkommen für ein halbes Jahr wegen einer beruflichen Auszeit weg, dann sollten die Kapitalreserven so groß sein, dass sie dieses finanzielle Loch stopfen können.

Einem Darlehensgeber müssen Sie solche Überlegungen nicht zwingend bei der Darlehensbeantragung mitteilen. Ihr Darlehen wird aufgrund der jetzigen Ist-Situation entschieden. Sie selbst sollten Ihre Pläne jedoch vernünftig einschätzen können und danach handeln.

In zwei Fällen betrachtet der Kreditgeber mit harten Kennzahlen Ihre zukünftige Situation: einmal für den Zeitpunkt einer möglichen Anschlussfinanzierung. Hierbei wird bereits jetzt geprüft, ob Sie sich die zukünftige, deutlich gestiegene Monatsrate durch den vermutlich höheren Zins nach Ablauf der Sollzinsbindung leisten können.

Die andere Prüfsituation ist der rechnerische Renteneintritt während der Darlehensvertragslaufzeit (Sollzinsbindung). Unter Berücksichtigung Ihrer privaten, betrieblichen und/oder gesetzlichen Renteneinkünfte sollten Sie sich die Darlehensrate auch als Rentner(in) leisten können.

Tipp: Läuft Ihre Sollzinsbindung über Ihren Renteneintritt hinaus, rechnen Sie ohne Haushalts-Nettoeinkommen in der Einnahmenposition „Sonstige Einnahmen" nur mit Ihren privaten, betrieblichen und/oder gesetzlichen Renteneinkünften. Kreditinstitute tun dies gleichermaßen und lassen das Ergebnis in die Kreditentscheidung mit einfließen.

Variable Einkünfte, wie zum Beispiel Provisionen, Schichtzulagen und Überstunden, werden von Darlehensgebern höchst unterschiedlich berücksichtigt. Für sich selbst sollten Sie daher vorerst mit einem Durchschnittswert aus den letzten drei oder auch sechs Monaten rechnen. Falls Sie über nebenberufliche Einkünfte verfügen, so addieren Sie diese.

Für einen Darlehensgeber zählen Nebeneinkünfte jedoch erst dann zum sogenannten nachhaltigen Einkommen, wenn sie seit mindestens drei bis sechs Monaten fließen. Unterhaltseinkünfte und Kindergeld können Sie ebenso als Einnahmen verbuchen. Bei Unterhaltseinkünften und dem Kindergeld kann der Darlehensgeber allerdings prüfen, wie lange diese noch gezahlt werden. Die wenigsten Kreditinstitute erkennen das Kindergeld als Einnahme an, wenn zum Beispiel das Kind 22 Jahre alt ist und sich noch in der Ausbildung befindet.

Sind Sie bereits Eigentümer von weiteren Immobilien, so sind das für Sie weitere Einkünfte. Als Mieteinnahme sollten Sie die Nettokaltmieten berücksichtigen, eventuell sogar mit einem Abschlag in Höhe von 15–25 Prozent. So geht übrigens auch ein Darlehensgeber vor, da so Mietausfallrisiko und Bewirtschaftungskosten gleichzeitig berücksichtigt werden.

Bei Selbständigen ist die Einschätzung des monatlichen Nettoeinkommens nicht so einfach. Sinnvolle pauschale Ansätze gibt es hier auch nicht. In der Regel wissen Selbständige jedoch selbst sehr gut, wie viel sie verdienen. Leider spiegelt sich das selten in den Geschäftszahlen wider. Häufig liegt ein starker Fokus auf Kosten oder Abschreibungen, die als Aufwand den Einkünften entgegengesetzt werden können. Für eine Immobilienfinanzierung ist dies jedoch tatsächlich nachteilig, da für eine Kreditentscheidung ausschließlich die Gewinne aus den Jahresabschlüssen und betriebswirtschaftlichen Auswertungen zählen. Hohe Abschreibungen oder andere außerplanmäßige Ereignisse können nur bedingt berücksichtigt werden. Daher lautet für Selbständige der Rat, sich noch etwas früher mit der Immobilienplanung auseinanderzusetzen, um seine Jahresabschlüsse so positiv wie möglich für eine zukünftige Finanzierung zu gestalten. Dazu sollten Sie einen Steuerberater im Detail befragen, um optimale Voraussetzungen zu schaffen.

IHRE MONATLICHEN AUSGABEN

 Ihre monatlichen Ausgaben können in verschiedene Kategorien eingeteilt werden.

Zuerst sind die regelmäßig wiederkehrenden Fixkosten zu nennen. Es handelt sich dabei um Ausgaben, die monatlich, vierteljährlich, halbjährlich oder auch jährlich regelmäßig gezahlt werden müssen.

Versicherungsbeiträge, GEZ-Gebühren, Monatskarten für die Nutzung öffentlicher Verkehrsmittel, Nebenkosten für das Kfz, Mitgliedsbeiträge u. a. sind mögliche Beispiele. Es gibt jedoch noch viel mehr. Stellen Sie diese für sich individuell zusammen. Um nichts zu vergessen, können Sie auch die Kontoauszüge einiger Monate durchforsten oder in Ihren Versicherungs- und Beitragsunterlagen suchen. Notieren Sie sich die Ausgaben auf dem Arbeitsblatt „Ihre aktuelle Haushaltsbilanz" immer monatlich, das heißt, teilen Sie beispielsweise Jahresbeiträge durch zwölf Monate.

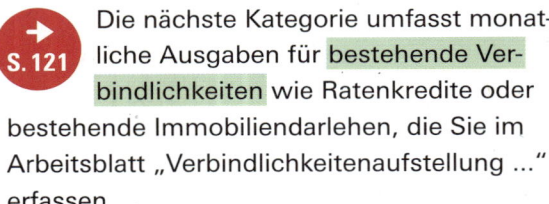 Die nächste Kategorie umfasst monatliche Ausgaben für bestehende Verbindlichkeiten wie Ratenkredite oder bestehende Immobiliendarlehen, die Sie im Arbeitsblatt „Verbindlichkeitenaufstellung …" erfassen.

Die Wohnkosten sollten Sie ebenfalls separat erfassen. Damit sind die Mietausgaben oder auch – falls Sie bereits in einer eigenen Immobilie wohnen – die derzeitige Darlehensrate gemeint. Die derzeitige Miete wird nach Umzug entfallen. Die bisherige Darlehensrate wird weiterfließen, falls Sie das Objekt nicht verkaufen. In diesem Fall können Sie fiktive Mieteinnahmen als Einnahme ansetzen. Falls die Immobilie verkauft wird, entfällt die Monatsrate und es steht möglicherweise etwas frei gewordenes Eigenkapital (Differenz aus Darlehensrestschuld und Verkaufserlös) zur Verfügung. Je nach persönlicher Situation kann es sinnvoll sein, das frei werdende Eigenkapital mit einer Zwischenfinanzierung mit einzuplanen. Für eine Zwischenfinanzierung zahlen Sie zwar einen etwas höheren Zins, jedoch wird das zwischenfinanzierte Kapital als Eigenkapital in der Hauptfinanzierung gesehen, was in der Regel einen positiven Effekt auf den Zinssatz hat. Ist dieser Effekt in Euro gerechnet über die Sollzinsbindung höher als die zusätzlichen Kosten für die Zwischenfinanzierung, dann macht diese Variante für Sie Sinn.

Die nächste Kategorie umfasst allgemeine Lebenshaltungskosten für Nahrungsmittel, Drogerieartikel, Freizeit, Kleidung, Geschenke usw. gemeint. Die meisten Menschen kennen ihre monatlichen Ausgaben gar nicht genau. Im Alltag hier den Überblick zu behalten, ist auch nicht immer ganz einfach. Helfer können Haushaltsbücher, diverse Apps oder eine gute Onlinebanking-Software sein. Gerade die elektronischen Helfer unterstützen hierbei sehr gut: Ausgaben werden gleich kategorisiert und am Monatsende grafisch oder als Prozentwert dargestellt. Ziel dieser Aufstellung ist es, dass Sie sich darüber im Klaren werden, wie hoch Ihre allgemeinen Lebenshaltungskosten durchschnittlich sind und wie viel Sie sich darüber hinaus tatsächlich leisten könnten.

Bringen Sie nun die monatlichen Gesamtkosten den Gesamt-Nettoeinnahmen in Abzug, so erhalten Sie einen Eurobetrag, welcher als Monatsrate und für die Bewirtschaftung zur Verfügung steht.

Es gibt in der Literatur viele pauschale Ansätze, die mit Prozentwerten des monatlichen Einkommens und anderen Verhältnisrechnungen arbeiten. Diese bilden den individuellen Fall jedoch nur bedingt ab, und es hilft Ihnen wenig bei der Frage der tatsächlichen Kosten, die Ihnen entstehen.

Wenn man ein gutes Gefühl für seine Einnahmen und Ausgaben entwickelt hat, kann man sich anschließend die Frage stellen, wie man die Ausgabenseite (das ist am ehesten umzusetzen) optimieren kann. Welche Kosten können Sie reduzieren? Wofür geben Sie monatlich viel Geld aus, obwohl Sie es gar nicht müssten? Welche Fixkosten können gesenkt werden?

⚐ Eine Übersicht über diverse Möglichkeiten bietet auch „Unser Bauherren-Handbuch" ab Seite 89.

Die Ausgaben in die oben genannten Kategorien aufzuteilen, dient für Sie der besseren Übersicht über die eigene finanzielle Situation. Für das Finanzierungsgespräch beim Darlehensgeber sind diese Zahlen verschieden relevant. Denn jeder potenzielle Darlehensgeber hat unterschiedliche Herangehensweisen bei der Berechnung und verwendet Pauschalen für die Ermittlung Ihrer Lebenshaltungskosten und Fixkosten. Entweder sind es Prozentwerte der Nettoeinnahmen oder pauschale Eurobeträge, die von den Einnahmen abgezogen werden. Sie müssen die komplette Einkommensseite, private Krankenversicherungsbeiträge, Darlehensverbindlichkeiten, Wohnkosten und sonstige Ausgaben wie zum Beispiel Unterhaltszahlungen nachweisen.

Alle anderen Ausgaben werden vom Darlehensgeber in der Regel über die beschriebenen Pauschalen selbst berücksichtigt. Somit kann es durchaus sein, dass ein potenzieller Darlehensgeber Ihre Finanzierungsanfrage begleiten möchte und der andere eben nicht. Dies resultiert aus den unterschiedlichen

Ihre Finanzierungsanfrage unter der Lupe

Grundsätzlich lassen sich drei Prüfungsschwerpunkte für Ihre Finanzierungsanfrage herausstellen.

1 Tragfähigkeit der Monatsraten
Können Sie sich die zukünftigen Monatsraten aus Sicht des Finanzierers leisten? Können Sie sich auch die Anschlussfinanzierung Ihrer Restschuld mit einem dann deutlich gestiegenen Zins noch leisten? Können Sie das Darlehen auch im Rentenalter bedienen?

2 Gesamtrisiko für den Kreditgeber
Verhältnis aus Darlehenssumme zu Beleihungswert (Zusammenhang zu Höhe des eingesetzten Eigenkapitals und Eigenkapitalersatzmittel)? Welche weiteren Verbindlichkeiten und Vermögenswerte gibt es? Wie ist der Verschuldungsgrad?

3 Die Immobilie als Garantiewert
Ist Ihre Wunschimmobilie aus Sicht der Bank werthaltig genug?

Herangehensweisen der Darlehensgeber, Ihre Einnahmen- und Ausgabensituation zu betrachten und die Tragfähigkeit der zukünftigen Darlehensrate zu ermitteln. Suchen Sie also den Kontakt zu mehreren Darlehensgebern oder sprechen Sie mit einem vertrauenerweckenden Darlehensvermittler.

DAS VERFÜGBARE VERMÖGEN

Jetzt kommen wir zu dem Teil, welcher maßgeblich den Zinssatz Ihres Darlehens bestimmt: die Höhe des für die Finanzierung eingesetzten Eigenkapitals.

Weshalb wird durch die Höhe des eingesetzten Kapitals die Höhe Ihres Zinssatzes bestimmt? Es ist die Risikobetrachtung, die jeder Darlehensgeber individuell vornimmt. Kreditinstitute setzen dabei die angefragte Darlehenssumme mit dem ermittelten Beleihungswert (einfach ausgedrückt: der Objektwert aus Sicht des Darlehensgebers) ins Verhältnis und multiplizieren den Wert mit hundert (= Beleihungsauslauf). Je kleiner dieser prozentuale Wert ist, desto niedriger ist das Risiko aus Sicht des Darlehensgebers und desto günstiger ist der Darlehenszins. Je höher der Wert ist, desto höher wird der Zins. Die Wahrscheinlichkeit einer Ablehnung des Darlehensgebers wegen Nichtfinanzierbarkeit steigt mit zunehmendem Beleihungsauslauf. Je mehr Eigengeld Sie also in die Finanzierung einbringen, umso günstiger wird Ihr Zins, umso niedriger die Monatsrate (durch niedrigere Darlehenssumme) und risikoärmer Ihre gesamte Baufinanzierung.

 S. 119 Listen Sie deshalb vorerst alle Vermögenswerte übersichtlich auf und addieren diese dann in der Vermögensaufstellung. Beachten Sie dabei, dass die Gelder teils erhebliche Unterschiede in der Verfügbarkeit haben. Damit ist gemeint, ob diese sofort für die Immobilienfinanzierung eingesetzt werden könnten. Insbesondere bei längerfristig angelegtem Geld wie Sparbriefen, Festgeldern oder Versicherungs- und Bausparverträgen sollten Sie darauf achten. Dies wird allerspätestens bei der Auszahlung Ihres Darlehens wichtig. Hier gilt nämlich ein Grundsatz bei jedem Darlehensgeber: Das für die Finanzierung vorgesehene Eigenkapital muss zwingend vor den Darlehensmitteln ein-

gesetzt werden. Erst wenn die eingeplanten Eigengelder komplett aufgebraucht sind, werden Ihnen die Mittel aus dem Darlehen vom Darlehensgeber zur Verfügung gestellt.

 Info   **Separate Buchhaltung**

Wir empfehlen, das Eigenkapital einige Wochen beziehungsweise Monate vorher auf ein separates Konto zu überweisen. So können alle Zahlungen im Zusammenhang mit dem Immobilienerwerb von diesem Konto aus veranlasst werden.

Das Guthaben aus bestehenden Riesterverträgen können Sie für einen Immobilienerwerb förderunschädlich entnehmen und diese, wenn Sie möchten, parallel weiter besparen. Beachten Sie jedoch, dass ein bestehendes Guthaben nicht zur Sondertilgung für bestehende Darlehensverträge genutzt werden kann. Da die staatliche Riesterförderung nur an ein Produkt gekoppelt werden kann, sollten Sie sich vorher überlegen, ob Sie in ein Wohnriesterprodukt wechseln oder das bestehende Riesterprodukt weiter besparen. Finanztest veröffentlicht dazu regelmäßig Beiträge (www.test.de, dort Suche nach „Riester").

 Info   **Bestehende Riesterverträge**

Wenn es finanziell machbar ist, dann belassen Sie den bisherigen Riestervertrag, besparen diesen weiter und stellen Ihre Altersvorsorge mit dem Erwerb des neuen Eigenheims somit auf mehrere Beine.

Gelder aus Bausparverträgen sollten Sie möglichst mit in die Finanzierung einplanen – natürlich nur, wenn der Zinssatz des Bauspardarlehens unter dem neu abzuschließenden Darlehenszins liegt. Bis zur Zuteilung können in entsprechender Darlehenshöhe kürzere Sollzinsbindungen eingeplant und die Restschulden mit dem Bauspardarlehen dann abgelöst werden.

Falls die neuen Darlehenszinsen niedriger sind, dann überlegen Sie sich, ob nicht das bisher angesparte Bausparguthaben als Eigenkapital eingesetzt werden soll. Ist der Vertrag bereits zuteilungsreif, kann das Guthaben ohne Probleme ausgezahlt werden. Ist er noch nicht zuteilungsreif und noch in der Ansparphase, dann prüfen Sie bei Ihrem Anbieter, was eine vorzeitige Kündigung für Auswirkungen hätte (3–6 Monate Kündigungsfrist, jedoch anbieterabhängig). Wird die Abschlussgebühr eventuell erstattet oder komplett einbehalten? Gibt es staatliche Förderungen, die Sie durch die Kündigung eventuell zurückzahlen müssen (Wohnungsbauprämie, Arbeitnehmersparzulage)? Entstehen weitere Kosten? Wenn durch den Einsatz des Guthabens ein nächster Konditionssprung im Darlehenszins erreicht wird, kann sich der Einsatz des Guthabens dennoch lohnen.

Lebens- oder Rentenversicherungsverträge mit bestehenden Rückkaufswerten sollten wirklich nur im absoluten Notfall gekündigt und aufgelöst werden. Sie erhalten zwar den ausgewiesenen Rückkaufswert zurück, jedoch besteht zwischen der Summe aller bisherigen Einzahlungen und dem berechneten Rückkaufswert meist eine große Lücke. Diese Lücke wäre Ihr Verlust. Sie sollten versuchen, diese Kündigung zu vermeiden.

→ S. 117 Alternativ können Sie einem Darlehensgeber jedoch anbieten, die Ansprüche aus dem Versicherungsvertrag an ihn abzutreten. Das ist dann zwar kein echtes Eigenkapital, jedoch ein Eigenkapitalersatzmittel, eine sogenannte zusätzliche Sicherheit, von denen es auch noch weitere

Eigenkapitalersatzmittel

Diese Eigenkapitalersatzmittel können einerseits für eine Zinsverbilligung des Hauptdarlehens hergenommen werden, jedoch andererseits die Finanzierung bei anderen Darlehensgebern überhaupt erst ermöglichen. Damit sind beispielsweise Versicherungsunternehmen gemeint. Diese können aus rechtlichen Hintergründen Immobilien nicht so hoch beleihen wie Banken. Das heißt für diese meist sehr attraktiven langfristigen Annuitätendarlehen muss etwas mehr Eigenkapital (30–40 Prozent) oder müssen eben diese Eigenkapitalersatzmittel eingebracht werden, damit eine Finanzierung möglich wird.

gibt. Sie wirken im Hinblick auf die Konditionsermittlung nahezu wie Eigenkapital, jedoch gibt es einen entscheidenden Unterschied: Echter Eigenkapitaleinsatz verringert die Darlehenshöhe und den Darlehenszins. Eine Zusatzsicherheit bzw. ein Eigenkapitalersatzmittel in dieser Form hingegen verringert nur den Darlehenszins, nicht aber die Höhe des aufzunehmenden Darlehens. Die Gründe dafür sind die höhere Sicherheit (Grundschuld plus Betrag der Zusatzsicherheit) und die gleichbleibende Darlehenshöhe. Das oben beschriebene Verhältnis zwischen Darlehenssumme und Beleihungswert (hier: Gesamtwert der Sicherheiten) wird kleiner, dadurch das Risiko geringer und damit der Zinssatz geringer.

Tipp: In unserer Arbeitshilfe „Ihre Eigenkapitalersatzmittel" auf Seite 117 ist ausgewiesen, welche Optionen (Punkte 1–5) den Zinssatz reduzieren, ohne dass das Darlehen reduziert wird.

Als weitere Zusatzsicherheiten können, abhängig vom jeweiligen Darlehensgeber, auch folgende Möglichkeiten in Betracht kommen: Abtretung von Bank- oder Bausparguthaben, Eintragung von Grundschulden in anderen Grundbüchern oder Abtretung von Aktien- oder Rentendepots. Schmuck, Gold oder sonstige Wertgegenstände können in der Regel nicht berücksichtigt werden.

Darüber hinaus können an Stelle des Darlehens des finanzierenden Kreditinstitutes möglicherweise auch Darlehensmittel des Arbeitgebers oder von Verwandten eine Rolle spielen. Aus Sicht des finanzierenden Kreditinstituts werden diese Darlehen als eine Form des Eigenkapitals gesehen. Das bedeutet, wenn Sie sich die Monatsbelastung beider Darlehen aus Sicht des Hauptdarlehensgebers leisten können, dann wirkt die Aufnahme eines Arbeitgeber- oder Verwandtendarlehens konditionsverbessernd für das Hauptdarlehen. Am Ende zählt bei der Gesamtbetrachtung, welche Variante die günstigere ist.

Der Vollständigkeit halber soll an dieser Stelle noch einmal auf das Thema der Eigenleistung eingegangen werden: Eigenleistungen, auch Muskelhypothek genannt, sind handwerkliche Arbeiten, die durch den Darlehensnehmer selbst bzw. Freunde oder Familie verrichtet werden. Es geht also um die Tätigkeit an sich. Der Wert dieser Tätigkeit (= Arbeitsleistung) kann in Euro ausgedrückt werden und entspricht der eigentlichen Handwerkerleistung. Die Eigenleistung bewirkt eine Reduzierung des Finanzierungsbedarfs und wird somit zinsverbilligend. Achten Sie darauf, dass es sich um die reine Arbeitsleistung und nicht das eingesetzte Material handelt. Das Material für die geplante Leistung muss mit Eigengeld oder Darlehensmitteln bezahlt werden. Dies muss im Finanzierungskonzept stimmig sein, sonst entsteht eine Finanzierungslücke. Das heißt: Die Materialkosten entsprechend im Finanzierungsbedarf berücksichtigen und die Arbeitsleistung in Euro als Eigenleistung (wie Eigenkapital zu betrachten) in Abzug bringen.

KfW-Darlehen sind in erster Linie nicht als Eigenkapitalersatzmittel zu sehen. Bei ihnen handelt es sich um weitestgehend zinsvergünstigte Darlehen des Bundes. Die KfW-Bankengruppe (KfW = Kreditanstalt für Wiederaufbau) ist demnach eine Förderbank. Die Rechtsaufsicht hat das Bundesministerium für Finanzen. Die Darlehensmittel kommen von der KfW selbst, jedoch wird das KfW-Darlehen über den Hauptdarlehensgeber beantragt und abgewickelt. Dieser übernimmt auch das Kreditausfallrisiko. Damit stellt es für die meisten Darlehensgeber (es gibt Ausnahmen) kein Eigenkapitalersatzmittel dar, da es sich nicht konditionssenkend – so wie echtes Eigenkapital – auswirkt. Dennoch ist die Prüfung von KfW-Mitteln unbedingt zu empfehlen, da die Konditionen, gerade für die vom Staat subventionierten Programme, meist günstiger sind als die vom eigentlichen Darlehensgeber. Danach können Sie entscheiden, mit welcher Variante Sie besser fahren.

BESTEHENDE VERBINDLICHKEITEN

 S. 121 Nutzen Sie das Formular „Verbindlichkeitenaufstellung …", um Ihre bestehenden Verbindlichkeiten bzw. Schulden aufzulisten.

Notieren Sie in der Aufstellung den Stand (Datum) und die Höhe der zum genannten Datum bestehenden Restschuld. Nutzen Sie diese Aufstellung auch, um die daraus resultierende Monatsbelastung beziehungsweise die Monatsrate zu erfassen. Dies ist für die Haushaltsrechnung, das heißt für die Gegenüberstellung der monatlichen Einnahmen und Ausgaben, von Bedeutung.

Info Ehrlichkeit zahlt sich aus

Es ist ratsam, alle Darlehen bzw. Kredite dem Darlehensgeber gegenüber offen und ehrlich anzugeben. Nahezu alle Konsumentenkredite, so auch Null-Prozent-Finanzierungen, werden der Schufa gemeldet und sind für den zukünftigen Darlehensgeber spätestens zur Kreditentscheidung einsehbar. Wenn Sie Schulden offensichtlich verschweigen wollen, kann sich das auf die Darlehenszusage unter Umständen zu Ihrem Nachteil auswirken.

Nicht in der Schufa hingegen stehen Bafög-Verbindlichkeiten und Privatkredite. Listen Sie in der vorgesehenen Zeile auch diese auf. Sogenannte Dispositionskredite (= Überziehungskredite) müssen nur erfasst werden, wenn diese auch genutzt werden. Vielen Girokonten wird automatisch ein Überziehungsrahmen eingerichtet, über den verfügt werden kann. Ist Ihr Konto im „Plus", so ergeben sich hier also keine Eintragungen.

Besitzen Sie bereits eine weitere Immobilie, ist eine separate Aufstellung der Immobilien und der sich daraus ergebenden Verbindlichkeiten sinnvoll. Erfassen Sie die Summen aus Restschulden und Monatsraten als letzten Punkt in der Aufstellung Ihrer Verbindlichkeiten.

Bei einer Aufstellung des bestehenden Immobilienvermögens sollten gleich die wichtigsten Eckdaten zur Immobilie selbst erfasst werden. Das hilft Ihnen, den guten Überblick zu behalten. Andererseits benötigt ein potenzieller Darlehensgeber diese Informationen ebenso. Notieren Sie für jede Immobilie die Adresse, das ursprüngliche Baujahr, das Jahr Ihres Kaufes, den Zeitpunkt der letzten durch Sie durchgeführten Modernisierung und um welche Art von Objekt es sich handelt. Es wird hierbei zwischen Wohnungen, Einfamilienhäusern usw. unterschieden.

Besteht zwischen dem damaligen Kaufpreis der Immobilie und dem aktuell geschätzten Immobilienwert eine größere Differenz, versuchen Sie dies bereits gedanklich zu begründen. Entweder wurde seitdem nachweislich modernisiert oder es handelt sich um eine nachvollziehbare und dem lokalen Markt entsprechende Marktsteigerung. Auch andere Begründungen können genutzt werden, sie sollten nur dem Darlehensgeber gegenüber plausibel sein.

Die Summe der Monatsraten und Mieteinnahmen hingegen soll in die Einnahmen- und Ausgabenrechnung („Ihre aktuelle Haushaltsbilanz", Seite 113) übernommen werden. Wichtig ist, dass Sie in der Aufstellung des Immobilienvermögens die Informationen und Daten der neuen Immobilie nicht berücksichtigen.

DER MAXIMAL MÖGLICHE KAUFPREIS

Für diese Berechnungen benötigen Sie die bisher ermittelten Werte und zusätzlich wenige Annahmen. Diese Annahmen müssen an dieser Stelle getroffen werden, damit ein sinnvolles Ergebnis zustande kommt. Am besten gehen Sie so vor, dass Sie die Berechnung mit drei unterschiedlichen Varianten rechnen und sich die Änderungen im Ergebnis so besser vor Augen führen können. Sie können die Berechnung im Arbeitsblatt „Individuelle, maximale Kaufpreisermittlung" (Seite 123) nachvollziehen. Eine Annahme ist der zukünftige Darlehenszins bzw. Sollzins. Des Weiteren wird die Tilgungshöhe als Annahme benötigt. Mit der sogenannten anfänglichen Tilgung entscheiden Sie über die rechnerische Dauer bis zur vollständigen Rückzahlung des Darlehens und somit über die Höhe der Monatsrate (siehe „kalkulatorische Darlehenslaufzeit", Seite 61). Dies zu verstehen hilft, mit der Tilgungshöhe etwas mehr anfangen zu können.

Sie multiplizieren nun die errechnete, maximale mögliche Monatsbelastung (Einnahmen- und Ausgabenrechnung) oder Ihre geringere Wunschrate mit 12 Monaten.

Anschließend teilen Sie diesen Betrag durch den Wert aus der Summe von Zins und Tilgung.

Danach multiplizieren Sie wieder mit 100 Prozent.

Auf den nun errechneten Wert addieren Sie das für die Finanzierung zur Verfügung stehende Eigenkapital (siehe Seite 119 und ggf. Seite 117). Überlegen Sie dabei gut, wie viel Reserven für Unvorhergesehenes zurückbehalten werden sollen.

Das Ergebnis ist der maximal mögliche Kaufpreis inklusive aller Erwerbsnebenkosten auf Basis Ihrer Wunschrate oder maximal möglichen Monatsrate.

S. 123 ## Ausfüllhilfe Maximaler Kaufpreis

Für die Berechnung des maximalen Kaufpreises ohne die Nebenkosten bilden Sie eine Summe der prozentualen Pauschalwerte aller Nebenkosten (Grunderwerbsteuer bundeslandabhängig: 3,5 % bis 6,5 %, die Notar- und Grundbuchkosten: 1,5 % bis 2,0 % und mögliche Maklerkosten bundeslandabhängig: 3,57 % bis 7,14 %) und addieren Sie diese Summe mit 1 Prozent.

Den oben errechneten maximalen Kaufpreis inklusive Nebenkosten teilen Sie durch die gerade ermittelte Summe.

Nun haben Sie den möglichen Kaufpreis ohne Nebenkosten ermittelt und können in den verschiedenen Immobilienportalen oder dem Immobilienteil diverser Zeitschriften stöbern und sich auf die Suche nach Ihrer Traumimmobilie machen.

Hierzu ein **Rechenbeispiel** mit folgenden Annahmen: Maximal mögliche Monatsbelastung (= Wunsch-Monatsrate) = 850 Euro, 2 % Sollzins, 2,5 % Tilgung, 70 000 Euro Eigenkapital.

Rechenweg:

850 Euro x 12 Monate =	10 200 Euro
10 200 Euro / (2 + 2,5) =	2 267 Euro
2 267 Euro x 100 =	
Baufinanzierungsdarlehen =	**226 700 Euro**

Mit den gegebenen Annahmen beträgt die maximale Darlehenssumme für Ihre Baufinanzierung rund 227 000 Euro.

Jetzt können Sie das Eigenkapital hinzuaddieren, um das maximale Investitionsvolumen zu berechnen:

227 000 Euro + 70 000 Euro =	**297 000 Euro**

Jetzt berücksichtigen Sie noch die Nebenkosten des Immobilienerwerbs.

Annahmen: 5,00 % Grunderwerbsteuer, 1,50 % Notar- und Grundbuchkosten, kein Makler = Nebenkosten 6,5 %

Rechenweg:

297 000 Euro / 1,065 =	rund 278 800 Euro

Der maximal mögliche Kaufpreis der Immobilie beträgt also 278 800 Euro, das heißt, Sie können eine Immobilie mit einem Kaufpreis bis zu 279 000 Euro suchen und darauf Ihre Baufinanzierung abstellen.

Rechenvarianten:

A. Beträgt die Grunderwerbsteuer, wie in Bayern, nur 3,5 %, addieren Sie 1,5 % für Notar/Gericht hinzu = 5 %. In diesem Fall berechnet sich der maximale Kaufpreis so:

297 000 Euro / 1,05 =	rund 282 900 Euro

B. Wäre noch ein Makler beteiligt, rechnen Sie dessen Provision (zum Beispiel 5 %) auch hinzu:

3,5 % + 1,5 % + 5 % (Makler) = 10 %.

Der Divisor ist dann nicht mehr 1,05, sondern 1,1:

297 000 Euro / 1,1 =	270 000 Euro

Der Kaufpreis reduziert sich auf maximal 270 000 Euro.

DAS FINANZIERUNGS-GESPRÄCH

Suchen Sie eine passende Immobilienfinanzierung, haben Sie zahlreiche Möglichkeiten, sich beraten zu lassen. Es sind fast zu viele. Dabei ist es leider auch Realität, dass sich die Qualität der Beratungen deutlich unterscheidet. Es ist daher umso wichtiger, dass Sie sich im Vorfeld selbst Gedanken machen, was Sie wollen, was Ihnen wichtig ist, um sich gut auf solche Gespräche vorbereiten zu können. Nach einer Beratung sollten Sie vor allem den Finanzierungsplan verstehen und ein Gefühl dafür entwickelt haben, ob die Beratung qualitativ gut, ehrlich und transparent war. Dafür müssen Sie am besten schon vorher Bescheid wissen, um die Beratung realistisch einschätzen zu können.

WELCHE MÖGLICHKEITEN EINER BERATUNG GIBT ES EIGENTLICH?

→ S. 125 Der deutsche Baufinanzierungsmarkt und die Baufinanzierungsprodukte sind für Außenstehende komplex und äußerst undurchsichtig. So sind es aus klassischer Sicht die Volksbanken, Sparkassen, Großbanken, Hypothekenbanken, Bausparkassen, Versicherungsunternehmen und Förderbanken, denen eine Kreditvergabe erlaubt ist.

Zusätzlich sind Baugeld- bzw. Darlehensvermittler aktiv. Sie vergeben die Darlehen nicht selbst, sondern beraten bei Finanzierungslösungen, vergleichen diese untereinander und suchen anschließend nach passenden Darlehensgebern.

Bei Förderbanken wie beispielsweise der KfW kann man sich nicht vollständig beraten lassen. Das übernimmt in der Regel der Darlehensgeber, welcher die Hauptfinanzierung begleitet oder der Darlehensvermittler. Landesfördermittel werden nur für einen kleinen Teil der Gesamtfinanzierung vergeben, womit eine Beratung für das Gesamtkonzept wegfällt.

Aufgrund der auf Sie zukommenden Komplexität ist es sehr wichtig, dass Sie sich im Vorfeld mit ein paar Begrifflichkeiten, Abläufen, anderen Sichtweisen und Ihren Möglichkeiten auseinandersetzen.

takt mit Ihnen aufgebaut hat. Sie ist also die erste Anlaufstelle, wenn es um die Beratung Ihrer geplanten Finanzierung geht.

Finanziell gesehen, kennt Ihre Hausbank Sie am besten. Das Gespräch direkt mit einem Darlehensgeber zu führen, kann auch den Vorteil haben, dass die Finanzierungsanfrage direkt und ohne Umwege entschieden werden kann. Dabei kann Ihr gewohnter Ansprechpartner die Finanzierung in der Regel nicht selbst genehmigen, jedoch kennt ein guter Berater die hauseigenen Produkte für die Immobilienfinanzierung natürlich sehr gut. Das reduziert das Risiko nachträglicher Absagen, welche an Kunden nach der Zusammenstellung der Unterlagen und Beantragung der Finanzierung kommuniziert werden müssen.

Einige Verbraucher besitzen nach wie vor eine hohe Loyalität zur eigenen Hausbank. Das ist auch gut so. Aber bitte: Vertrauen Sie nicht blind. Es gibt ebenso Beispiele, bei denen eine uneingeschränkte Loyalität schnell zum finanziellen Nachteil wird – nämlich dann, wenn eine mehrere Zehntel Prozentpunkte teurere Kondition abgeschlossen wird. Vergleichen Sie unbedingt die Konditionen und hinterfragen Sie kritisch die Qualität einer Beratung.

Das Gespräch mit einem Darlehensgeber

Was ist eigentlich eine Hausbank? Die Bank, bei welcher das Girokonto geführt wird? Was ist, wenn ich mehrere Girokonten habe oder ich das Girokonto bei einer Direktbank führe? Wer ist dann meine Hausbank? In der Regel kann man davon ausgehen, dass Ihre Hausbank über die Jahre einen persönlichen Kon-

Läuft das Gespräch mit einem Darlehensvermittler anders?

Darlehensvermittler bieten einen umfassenden Service: Beratung, Vergleich und Vermittlung. Seriöse und moderne Darlehensvermittler arbeiten in der Regel mit sehr ausgereiften Softwarelösungen, die die Suche nach einer für Sie geeigneten Finanzierungslösung vereinfachen bzw. überhaupt erst möglich machen. So kann eine Markt- und Informationstransparenz gegeben werden, die eine Hausbank nicht leisten kann und die man sich auch individuell nur sehr schwer verschaffen kann. Zudem verfügen diese Vermittler über nahezu alle relevanten Prüfkriterien der einzelnen Darlehensgeber, um eine Kreditentscheidung zuverlässig einschätzen zu können. Hinsichtlich der Beratungsqualität sollte es qualitativ genauso ablaufen wie bei einem Darlehensgeber direkt.

Info **Beratungsqualität**

Der deutsche Baufinanzierungsmarkt bietet unzählige Kreditinstitute und dazugehörige Produkte. Achten Sie bei der Wahl eines Baugeldvermittlers darauf, dass dieser auf Immobilienfinanzierung bzw. Baufinanzierung spezialisiert ist. In der Regel ist hier ein fundiertes Wissen zu den unterschiedlichen Finanzierungsprodukten und Prozessabläufen bei den Darlehensgebern vorhanden.

Darlehensgeber kooperieren grundsätzlich gerne mit Darlehensvermittlern. Durch die vorab erbrachte Beratungsleistung beim Kunden, die qualifizierte Prüfung und Zusammenstellung der Unterlagen kann der Finanzierungsantrag in sehr kurzer Zeit entschieden und der Darlehensvertrag erstellt werden. Für diese erbrachte Leistung erhält der Darlehensvermittler vom Darlehensgeber eine Vergütung beziehungsweise Provision, welche bereits im Sollzins berücksichtigt ist. Daher kommen im Normalfall keine Extrakosten auf die Kreditnehmer zu, soweit diese vom Darlehensvermittler nicht ausdrücklich verlangt werden.

Wie wird Ihre Finanzierungsanfrage geprüft?

Es ist wichtig, sich über Folgendes klar zu werden: Ihre Immobilienfinanzierung wird von einem Darlehensgeber unter mindestens drei verschiedenen Gesichtspunkten beleuchtet: der finanziellen Tragfähigkeit der Monatsraten, dem Gesamtrisiko aus Sicht des Darlehensgebers und der Immobilie an sich (Objektbewertung).

Darüber hinaus gelten die Vorbereitung der Informationen bzw. Unterlagen und das eigene Erscheinungsbild durchaus als wichtig. Keine Angst, einen höheren Zinssatz bekommen Sie bei schlecht vorbereiteten Unterlagen nicht automatisch. Jedoch: Sowohl die Berater von Darlehensgebern als auch von Darlehensvermittlern entwickeln sehr schnell eine persönliche Meinung zu Ihnen. Diese kann in bestimmten Situationen entscheidend sein: Wie schnell erhalten Sie eine Rückmeldung zu Fragen oder wie hoch sind der Einsatz und die Motivation, eine Finanzierungsanfrage darzustellen und eventuell mal einen Weg extra zu gehen? Wer hier durch Freundlichkeit und Engagement punktet, kann seine Chancen eigentlich nur verbessern. Je besser die Unterlagen und Informationen für das Vorhaben aufbereitet sind, desto zügiger kann ein Berater handeln, und desto mehr hat er das Gefühl, dass Sie es ernst meinen. Ein freundliches Auftreten auf Augenhöhe rundet das positive Bild ab, was in der Regel zu einer engagierten und fairen Rückmeldung seitens des Darlehensgebers oder -vermittlers führt.

Wichtig ist es, sich vor Augen zu halten, dass jede Bank unterschiedliche Kriterien zur Darlehensvergabe hat, Konditionen und Zinsen unterschiedlich ermittelt werden und die Vorgehensweise bei der Prüfung der Unterlagen sowie die Anzahl der Unterlagenanforderungen untereinander abweicht. Die Prüfung der Kreditwürdigkeit, das heißt die Prüfung der Einkommens- und Vermögensverhältnisse, und die Objektbewertung spielen dabei die wichtigste Rolle. Alles wird betrachtet und für die Vergabe der Zinsen „ineinandergeschoben". Damit ist gemeint, dass die Prüfungsschwerpunkte nicht getrennt voneinander betrachtet werden, sondern alles miteinander zusammenhängt. Beispiel: Ein nur geringer Einsatz von Eigenmitteln bzw. Eigenkapital setzt voraus, dass die zu erwerbende Immobilie werthaltig und nicht überteuert ist. Ein geringerer Objektwert kann durch einen höheren Eigenkapitaleinsatz und damit eine Darlehensreduzierung zu einer Darlehensgenehmigung führen. Kann kein weiteres Eigenkapital eingebracht werden, ist die Genehmigung der Finanzierung in Gefahr. Beides spielt also zusammen.

Kreditinstitute prüfen Ihre Anfrage übrigens auch mit fiktiven und höheren Monatsbelastungen als Sie laut Darlehensvertrag zahlen müssten. Das liegt am derzeit sehr niedrigen Zinsniveau. Man möchte Sie und sich selbst vor der Zukunft schützen, in der Sie nach Ablauf der Sollzinsbindung eventuell einen deutlich höheren Zinssatz für die Anschlussfinanzierung Ihrer Restschuld zahlen müssen als jetzt. Ihre Monatsrate würde dann möglicherweise sogar steigen und kann in Einzelfällen zu Schwierigkeiten führen. Um dieses Risiko etwas abzufedern, wird intern mit fiktiven höheren Monatsraten gerechnet als im Darlehensangebot ausgewiesen. Läuft Ihre Sollzinsbindung über das Renteneintrittsalter hinaus, wird auch die voraussichtliche Einnahmen- und Ausgabensituation im Rentenalter stärker geprüft und für die Kreditentscheidung herangezogen.

Welche Faktoren beeinflussen den Sollzins?

Der gebundene Sollzins für einen Darlehensvertrag wird auf Grundlage eines Margengerüsts oder Kalkulationsgerüsts bestimmt. Darlehensgeber können diese Kalkulation intern letztlich so steuern, wie sie möchten. Es gibt dafür keine gesetzlichen Vorgaben, an die sie sich halten müssen. So haben die einen vier Stellschrauben, die den Sollzins beeinflussen, die anderen haben beispielsweise 13 unterschiedliche Punkte. Je weniger Stellschrauben vorhanden sind, desto mehr Extras enthält häufig das Produktpaket. So sind dann eine Option auf Sondertilgungen, eine bereitstellungszinsfreie Zeit und eine Tilgungswechselmöglichkeit bereits „kostenfrei" enthalten. Kostenfrei ist natürlich so nicht ganz richtig. Zwar gibt es keinen expliziten Zinsaufschlag für diese Produktwünsche, jedoch sind sie natürlich von vornherein entsprechend kalkuliert und verstecken sich somit im Sollzins. Am Ende ist also nicht entscheidend, was alles „kostenfrei" mit inbegriffen ist, sondern wie hoch der Zinsunterschied zum Angebot anderer Darlehensgeber ist, die Ihre Wunschkriterien extra mit einpreisen müssen und wo sich Ihr Darlehenszins dadurch erhöht. Deshalb ist es wichtig, dass Sie wissen, welche „Ausstattung" das gewünschte Baufinanzierungsprodukt haben sollte. Schärfen Sie diesbezüglich Ihre Vorstellungen und Wünsche, und machen Sie sich hierzu am besten so früh wie möglich Gedanken.

S. 129 Die Aufstellung „Was bestimmt den Sollzins ..." gibt unter anderem einen Überblick über Faktoren, die einen Darlehenszins beeinflussen können – wohlgemerkt: können. Sie sollen nur ein Gefühl dafür entwickeln, was alles mit einfließen kann und was theoretisch die Höhe des Darlehenszinses bestimmt.

Beachten Sie dabei auch, dass Sie bestimmte Punkte überhaupt nicht beeinflussen können. So erheben zum Beispiel manche Darlehensgeber für selbständige Darlehensnehmer einen Zinsaufschlag. Da das nun ein Fakt ist, den Sie nicht beeinflussen können, müssen Sie die Berechnung erst einmal so hinnehmen und später die Konditionen mit anderen vergleichen.

KONDITIONEN VERHANDELN, SPIELRÄUME NUTZEN

Was können Sie rausholen? Diese Frage lässt sich nicht pauschal beantworten. In Deutschland gibt es eine Menge unterschiedlich handelnder Darlehensgeber. Bei manchen ist das Verhandeln von Konditionen möglich, bei anderen aber auch nicht. Einen Versuch ist es aber in jedem Fall wert!

Ob es einen Verhandlungsspielraum gibt oder nicht, hängt von der Preisstrategie des Darlehensgebers ab. Gibt es eine sogenannte „Ein-Preis-Strategie", so gibt es für jeden Kunden, egal über welchen Vertriebsweg er gekommen ist und egal wie gut er verhandelt, den für die jeweilige Situation entsprechenden Zinssatz. Große Direktbanken und auch viele Genossenschaftsbanken fahren mit so einer Strategie. Verhandlungsmöglichkeiten der Konditionen sind in so einem Fall also unwahrscheinlich. Das ist aber per se kein Nachteil, denn diese Darlehensgeber haben im Vergleich zu anderen von vornherein sehr attraktive Konditionen.

In vielen Geldhäusern sucht man diese (faire) Ein-Preis-Strategie vergeblich. Hier gibt es dann oft die Möglichkeit einer Verhandlung. Seien Sie sich bitte immer darüber im Klaren, dass ein Nachlass bei Konditionen auch aus Sicht des Darlehensgebers sinnvoll erscheinen muss. Das heißt, Sie benötigen gute Argumente, weshalb Ihnen der Nachlass gewährt werden soll. Versetzen Sie sich also in die Lage des Darlehensgebers und versuchen Sie sich die Frage zu beantworten, aus welchen Gründen Ihnen das Kreditinstitut am ehesten günstigere Konditionen anbietet. Die wichtigsten Faktoren sind: sehr gut vorbereitete Unterlagen, nachvollziehbare und solide Einkommens- und Vermögenssituation, ein sympathisches und faires Finanzierungsgespräch auf Augenhöhe und – vielleicht der gewichtigste Punkt – der Wettbewerb durch Konkurrenten. Diese Faktoren bestimmen maßgeblich die Bereitschaft, den erstgenannten Darlehenszins zu reduzieren und Ihnen so entgegenzukommen.

Führen Sie die Preisgespräche am besten nach dem Finanzierungsgespräch, das heißt, nachdem Sie ein Konditionsangebot mit allen relevanten Bedingungen und Zinsen erhalten haben. Mit den dort genannten Konditionen erhalten Sie gleich ein gutes Gefühl, wie es der Darlehensgeber mit Ihnen meint bzw. gemeint hat (Stichwort Fairness). Weshalb bietet Ihnen ein Kreditinstitut im Erstgespräch einen möglichst hohen Zinssatz an und später, wenn Sie nachfragen oder nachverhandeln, wird dieser dann reduziert? Am Ende entscheidet der Zins und, ganz wichtig, das persönliche Bauchgefühl, an dieser Stelle richtig aufgehoben zu sein.

 Info   **Nicht nur die Prozente zählen**

Verhandlungsspielraum bei einem Kreditvertrag bieten nicht nur die reinen Prozentzahlen, sondern eben auch die eingeschlossenen Leistungen. Was ist Ihnen wichtig? Die Option auf kostenfreie Sondertilgungen in der Zukunft? Die Option, die Tilgungsrate in Zukunft ohne Zusatzkosten ändern zu können? Dies verschafft Ihnen auf jeden Fall zusätzliche Flexibilität, um Ihr Darlehen nach Ihren Möglichkeiten zurückzuzahlen.

Ähnlich verhält es sich übrigens bei Darlehensvermittlern. Hier gibt es folgenden Unterschied: Die Konditionen und Rahmenbedingungen des Darlehensgebers sind bei einem Vermittler meist bereits verhandelt. Der Kon-

Vergleichen statt verhandeln

Wissen Sie, wie Sie den größten Verhandlungserfolg erzielen? Indem Sie die Konditionen aller relevanten Darlehensgeber untereinander vergleichen – oder einen kompetenten und zinsbewussten Darlehensvermittler bemühen. Die Zinsunterschiede zwischen den Kreditinstituten sind erfahrungsgemäß deutlich höher als der Verhandlungsspielraum eines einzelnen Anbieters.

ditionenspielraum eines Darlehensvermittlers beschränkt sich in der Regel also auf die bereits in der Kondition steckende Vergütung (üblich sind 0 bis maximal 1,5 %). Reduziert er diese, dann sinkt der Darlehenszins und damit Ihre Monatsrate.

Erkundigen Sie sich also, wie viel Prozent Provision in der Kondition stecken. Bereits vor einem Beratungsgespräch sollten Darlehensvermittler Ihnen zumindest die möglichen Bandbreiten ihrer Vergütungen nennen können. Wenn anschließend klar ist, welcher Darlehensgeber am ehesten zu Ihrem Finanzierungswunsch passt, dann ist die Höhe auch exakt kommunizierbar.

DIE EIGENE VORSTELLUNG EINER FINANZIERUNG

S. 133 Das Wichtigste vor einem Finanzierungsgespräch ist es, sich im Vorfeld ausführlich zu informieren, vielleicht etwas zu recherchieren sowie seine Vorstellungen, Wünsche und Fragen an den Berater zu dokumentieren. Die zeitraubende Immobiliensuche, die Auswahl des idealen Wohnorts, die Diskussionen über die Immobilienkriterien und vieles mehr zehren bereits an den Nerven.

Bei Neubauvorhaben ist das sogar erst der Beginn des eigentlichen Kraftakts, der Bauzeit. Nicht unverständlich ist es deshalb, dass Verbraucher oft ziemlich unvorbereitet in ein Finanzierungsgespräch gehen. Es bringt jedoch nur Vorteile, im Gespräch nicht das erste Mal das Wort Sollzins oder Annuitätendarlehen zu hören, um nur zwei Beispiele zu nennen. Versuchen Sie, sich gut vorzubereiten. Leider ist es so, dass Unkenntnis manche Berater einlädt, komplexe Angebote zu erstellen und dem Verbraucher das Gefühl zu vermitteln, dass das so schon richtig und gut ist. Sie müssen die angebotene Finanzierungsstruktur aber unbedingt verstanden haben, bevor Sie einen langfristigen Darlehensvertrag abschließen! Zudem ist eines der wichtigen Verhandlungskriterien die Gesprächsführung auf Augenhöhe, sprich, man muss einigermaßen nachvollziehen können, worüber der Berater mit einem redet. Und falls das einmal nicht so ist: Scheuen Sie sich nicht davor, Fragen zu stellen und sich das noch einmal erklären zu lassen.

Sind die Begrifflichkeiten Ihnen einigermaßen geläufig, dann geht es im nächsten Schritt darum, auf die wichtigsten Fragen des Beraters eine sinnvolle Antwort parat zu haben. Für die meisten Antworten können Sie dieses Buch nutzen, da diese in den ersten Kapiteln behandelt werden. Ohne den Anspruch auf Vollständigkeit zu erheben, sind einige typische, wichtige Fragestellungen in der „Vorbereitung auf Ihr Finanzierungsgespräch" notiert.

So ist es bei der Frage nach der monatlichen Belastung, die Sie sich idealerweise vorstellen. Um diese Frage gut beantworten zu können, ist beispielsweise die Berechnung der maximal möglichen Rate notwendig (siehe Seite 115). Andererseits sind Hintergrundwissen zur Tilgungshöhe und deren Zusammenhang mit der Gesamtlaufzeit des Darlehens sowie marktgängige Zinskonditionen hilfreich. Daher informieren Sie sich im Vorfeld grob über die wichtigsten Begriffe, welche in einem Konditionsangebot genannt werden (siehe Checkliste „Konditionsangebot", Seite 147).

Exkurs: Wie gehe ich bei einer Anschlussfinanzierung vor?

Sie haben eine bestehende Immobilienfinanzierung und überlegen, wie Sie das Darlehen am besten weiterfinanzieren? Bei einer Anschlussfinanzierung handelt es sich um einen Überbegriff für die Fortführung einer bestehenden Baufinanzierung bzw. Immobilienfinanzierung nach Ablauf der Sollzinsbindung. Wenn das Darlehen nach Ablauf der Sollzinsbindung noch eine Restschuld hat, haben Sie drei verschiedene Möglichkeiten: die Prolongation, die Ablösung der Restschuld aus Eigenkapital oder eine Umschuldung zu einem anderen Kreditinstitut. Sowohl bei einer Prolongation als auch bei einer Umschuldung kann man sich für ein Forward-Darlehen entscheiden. Damit sichern Sie sich bis zu drei Jahre im Voraus günstige Zinsen für Ihre Baufinanzierung. Es gibt auch Darlehensgeber, die Forward-Darlehen bereits fünf Jahre im Voraus anbieten. Ob es sinnvoll ist, den dafür verlangten Zinsaufschlag zu zahlen, hängt vom Einzelfall ab. In jedem Fall sollten Sie sich nicht nur auf das Angebot des bisherigen Darlehensgebers verlassen, ein Marktvergleich lohnt auf jeden Fall. Der Darlehensgeber, der Sie bisher finanziert hat, spekuliert nämlich sehr häufig darauf, dass Sie die Konditionen am Markt aus Bequemlichkeit nicht vergleichen. Dementsprechend teuer sind die angebotenen Zinssätze.

S. 137 Seit einigen Jahren herrscht ein sehr günstiges Zinsniveau. Daraus folgend haben sich viele Verbraucher um lange Sollzinsbindungen von mehr als 10 Jahren bemüht. In einem solchen Fall müssen Sie für Ihre Anschlussfinanzierung nicht warten, bis diese Zeit abgelaufen ist: Das Darlehen kann grundsätzlich nach 10 Jahren komplett oder auch nur teilweise gekündigt werden, ohne dass eine Vorfälligkeitsentschädigung anfällt. Dieses Recht nach Paragraf 489 BGB haben nur Sie und nicht der Darlehensgeber. Nutzen Sie hierfür die „Darlehenskündigung" (Seite 137). Eine teilweise Kündigung ist dann ratsam, wenn beispielsweise eine größere Zahlung in das Darlehen geleistet werden soll, welche die vereinbarten Sondertilgungen

Wegmarke 10 Jahre

Die Kündigung von Darlehen darf frühestens mit Ablauf von 10 Jahren nach „dem vollständigen Empfang" (sprich: nach Vollauszahlung) des Darlehens erfolgen. Gerade bei Bauvorhaben zieht sich die komplette Auszahlung des Darlehens durchaus einige Monate hin. Zudem besteht eine Kündigungsfrist von 6 Monaten. Die Berechnung erfolgt grundsätzlich auf den Tag genau. Wem der genaue Zeitpunkt der Vollauszahlung nicht mehr geläufig ist, der kann in seinen Unterlagen nachschauen: Meist versenden die Banken ein Schreiben, in dem sie über die vollständige Auszahlung des Darlehens informieren. Ist dies nicht mehr vorhanden, kann bei der Bank nachgefragt werden. So sind Sie bei der Fristenberechnung für die Kündigung von Darlehen nach 10 Jahren auf der sicheren Seite.

deutlich übersteigt. Eine vollständige Kündigung nach 10 Jahren ist sinnvoll, wenn das aktuelle Zinsniveau geringer als der im Vertrag vereinbarte Darlehenszins ist. Folgende Alternativen sind dabei denkbar: die Rückzahlung des Darlehens aus angespartem Eigenkapital oder die Umschuldung zu einer anderen Bank. Eine Kündigung und gleichzeitige Prolongation verwehrt der bisherige Darlehensgeber oft.

ZUSAMMENSTELLUNG DER UNTERLAGEN FÜR DIE FINANZIERUNG

S. 139

Für die Beantragung einer Baufinanzierung bzw. Immobilienfinanzierung benötigen Sie Unterlagen. Hinsichtlich Umfang und der Art der nachzuweisenden Unterlagen unterscheiden sich die Darlehensgeber teils erheblich voneinander. Darüber mit dem Berater ernsthaft zu diskutieren, hat keinen Erfolg. Meistens sind denen ebenso die Hände gebunden, und Ihren Unmut können sie oft sogar gut nachvollziehen. Bei sonst gleichen Bedingungen für die Finanzierung können viele nachzuweisende Unterlagen aber auch zu einem Wettbewerbsnachteil für diese Darlehensgeber werden.

Grundsätzlich lassen sich die Unterlagen für Immobilienfinanzierungen in zwei Kategorien einteilen: Unterlagen zu Ihren persönlichen Verhältnissen (Einkünfte, Ausgaben etc.) und Unterlagen zum Finanzierungsobjekt, das heißt zur Immobilie, die erworben oder umgeschuldet werden soll.

Die heraustrennbaren Checklisten und Arbeitsblätter im Formularteil sollen Ihnen einen guten Überblick über die in der Regel notwendigen Unterlagen geben. Damit können Sie sich vorbereiten und alles Notwendige für das Finanzierungsgespräch bereits zusammenstellen.

Achten Sie darauf, dass die Unterlagen in sauberer Form (lesbare Kopie, nicht beschmutzt) und vollständig (zum Beispiel wirklich alle Seiten eines Steuerbescheids, auch wenn die letzte Seite leer ist) zusammengestellt werden.

Fertigen Sie sich am besten mehrere Kopien an, um sie für jedes Beratungsgespräch liefern zu können. Alternativ speichern Sie sich alles elektronisch und senden die Unterlagen dem Berater im Vorfeld als E-Mail-Anhang. Das spart Ihnen Papier, Druckertoner und Zeit. In Zeiten des Smartphones bieten sich für eine digitale Speicherung auch Fotografien an. Diese sind schnell erstellt, und ein Scanner ist somit auch nicht notwendig. Auch hier ist ein sauberes Arbeiten nur zu empfehlen. Damit ist gemeint, dass es sich um ein scharfes und gut lesbares Foto handelt. Der Untergrund sollte möglichst nicht zu sehen sein, sondern nur das fotografierte Dokument an sich. Dafür stehen für die wichtigsten Betriebssysteme zahlreiche Apps zur Verfügung, die eine solche Form der Dokumentenerfassung (Scan-Funktion) vereinfachen und unterstützen.

In manchen Fällen, gerade wenn die erworbene Immobilie ein älteres Baujahr hat, sind die gewünschten Objektunterlagen nicht mehr alle zu beschaffen. Um Ihnen die Finanzierungsanfrage zu erleichtern, haben wir in dieser Praxismappe deshalb Formulare für die Erstellung einer Wohnflächenberechnung, für eine Aufstellung von Modernisierungskosten und für eine einfache Baubeschreibung beigefügt. Nutzen Sie diese, um die Unterlagen für das Finanzierungsgespräch möglichst vollständig parat zu haben.

Unterlagen für Ihre Vorbereitung:

► Beratung beim Darlehensgeber oder Darlehensvermittler (siehe Seite 125)
► Was bestimmt den Sollzins bei meiner Finanzierungsanfrage? (siehe Seite 129)
► Vorbereitung auf Ihr Finanzierungsgespräch (siehe Seite 133)
► Darlehenskündigung nach §489 BGB (siehe Seite 137)
► Unterlagen für Ihre Kreditgespräche (siehe Seite 139)
► Baubeschreibung (siehe Seite 141)
► Wohnflächenberechnung (siehe Seite 143)
► Aufstellung Modernisierungskosten (siehe Seite 145)

SCHUFA UND SCHUFA-ABFRAGE

Fast jeder ist in seinem Leben schon einmal über den Begriff „Schufa" gestolpert. Nur was heißt das eigentlich für mich und meine Immobilienfinanzierung? Der Begriff Schufa heißt übersetzt „Schutzgemeinschaft für allgemeine Kreditsicherung". Der Schufa sind verschiedene Unternehmen wie Banken, Versandhäuser, Mobilfunkanbieter, Möbelhäuser etc. aus der Wirtschaft angeschlossen. Ziel dieses Zusammenschlusses ist der Austausch von Zahlungserfahrungen mit den Kunden. Dabei werden sowohl Positiv- als auch Negativinformationen gesammelt und verarbeitet. Für eine Immobilienfinanzierung heißt das, dass Darlehensgeber sowohl Daten an die Schufa melden als auch Daten von der Schufa beziehen. Bei Finanzierungsanfragen holen Kreditinstitute also im Vorfeld die gespeicherten Daten der Anfragenden (also von Ihnen) von der Schufa ein. Dieses Ergebnis beeinflusst das Ergebnis der Kreditentscheidung. Voraussetzung dafür ist eine von Ihnen unterschriebene Einständniserklärung zur Schufa-Abfrage. Bei Schufa-Abfragen durch potenzielle Darlehensgeber gibt es unterschiedliche Arten von Anfragen: die „Konditionenanfrage" und die „Kreditanfrage".

Die Konditionenanfrage hat keinen Einfluss auf den Schufa-Score und erfolgt anonym. Die Kreditanfrage hingegen wird, sichtbar für andere Darlehensgeber, in der Schufa gespeichert. Es werden unter anderem Informationen zum Darlehensgeber und zum Anfragegrund hinterlegt. Zudem, und das ist der wohl wichtigste Unterschied, wird bei einer Kreditanfrage der Schufa-Score beeinflusst. Wenn Sie also lediglich ein unverbindliches Konditionsangebot von einem Darlehensgeber erhalten möchten, dann erkundigen Sie sich im Vorfeld, welche Art Anfrage dieser bei der Schufa stellt.

Darlehensvermittler selbst holen sich nach Kontaktaufnahme und dem Beratungsgespräch keine Schufa-Auskunft über Sie ein. Wenn Sie den Darlehensvermittler per Unterschrift darum bitten, Ihre Anfrage zu prüfen, die erforderlichen Unterlagen für die Kreditentscheidung beim Darlehensgeber einzureichen und die Kreditentscheidung herbeiführen zu lassen, dann kann es vereinzelt vorkommen, dass der Darlehensvermittler – im Auftrag der Bank und ohne eigene Einsicht – bereits die hinterlegten Informationen bei der Schufa abruft. In den meisten Fällen erledigt dies jedoch der Darlehensgeber selbst. Fragen Sie also auch Ihren Darlehensvermittler, welche Schufa-Abfrage der potenzielle Darlehensgeber nutzt.

Info   Der eigene Schufa-Status

Informieren Sie sich über die in der Schufa über Sie gespeicherten Daten. Die Schufa wirbt auf ihrer Webseite sehr prominent für bezahlpflichtige Dienstleistungen, die eigenen Schufa-Daten abzurufen. Laut dem § 34 Bundesdatenschutzgesetz ist es jedoch jedem Verbraucher gestattet, einmal im Jahr eine Schufa-Auskunft kostenlos einzufordern. Das entsprechende Formular und die Hinweise stellt die Schufa etwas versteckt zur Verfügung.

Dabei gibt es nur einen kleinen Haken: Diese kostenlose Anfrage ist online nicht möglich. Suchen Sie auf www.meineschufa.de nach der „Datenübersicht nach § 34 Bundesdatenschutzgesetz". Dort können Sie das „Bestellformular Datenübersicht nach § 34 BDSG" abrufen und als Ausdruck ausfüllen.

Die „Angaben zur Person" sind Pflichtangaben, die Sie vollständig ausfüllen müssen. Die „Sonstigen Angaben" hingegen sind freiwillig. Achten Sie zudem darauf, dass Sie kein Kreuz im Punkt „Alternativ: Bestellung Bonitätsauskunft" setzen. Dies wäre dann kostenpflichtig. Fügen Sie diesem Antrag eine beidseitige Kopie Ihres Personalausweises bei. Aus der Kopie müssen Vor- und Zuname/n, die vollständige Anschrift, das Geburtsdatum und der Geburtsort deutlich sichtbar sein.

Nun senden Sie den Antrag und die Personalausweiskopie ausreichend frankiert per Post an die Schufa (SCHUFA Holding AG, Postfach 10 25 66, 44725 Bochum) und Sie erhalten ein paar Tage später Ihre eigene Schufa-Auskunft. Entgegen sich hartnäckig haltender Gerüchte: Die Eigenauskunft beeinflusst Ihren Schufa-Score keineswegs.

WELCHE FINANZIERUNGSMÖGLICH-KEITEN GIBT ES?

Kurz vorweggenommen: Es gibt auf dem Kapitalmarkt genügend Finanzierungsvarianten, um bei künftigen Bauherren ordentlich Verwirrung zu stiften. Deshalb: Schließen Sie nur Verträge ab, bei denen Sie das Produkt wirklich verstehen. Bei einer Immobilienfinanzierung laufen diese Verträge viele Jahre. Umso wichtiger ist es, eine zinsbewusste Variante zu finden, die optimal zum Finanzierungswunsch passt und dabei günstig sowie verständlich ist.

Die im Weiteren beschriebenen Finanzierungsmöglichkeiten lassen sich unter gewissen Bedingungen sinnvoll miteinander kombinieren. Gerade die KfW-Darlehen bieten sich dafür an.

Das Annuitätendarlehen

Ein Annuitätendarlehen (= Tilgungsdarlehen oder auch Amortisationsdarlehen) ist durch die jährlich bzw. monatlich gleichbleibende Zahlung der Annuität gekennzeichnet. In der Praxis gibt es fast ausschließlich monatliche Zahlweisen. Die monatliche Rate eines

Darlehens wird Annuität genannt. Diese Annuität bleibt für die gesamte Vertragslaufzeit konstant und besteht im Inneren aus zwei Teilen: der Tilgung und dem Zins. Durch den Tilgungsbetrag wird das Darlehen monatlich immer kleiner. Damit reduzieren Sie also nach und nach Ihre Restschuld.

Der Zins ist ein Ausdruck dafür, was Ihr Darlehen kostet. Die Zinsen zahlen Sie immer nur auf die Restschuld des Darlehens. Da die Monatsrate konstant bleibt, werden die eingesparten Zinsen also der Tilgung zugeschlagen. Das nennt man auch „annuitätischen Effekt".

Auf Wunsch des Kreditnehmers können Sondertilgungs- und Tilgungswechseloptionen vertraglich geregelt und vereinbart werden. Mitunter schlagen sich diese Optionen als Erhöhung des Sollzinses nieder.

Sondertilgungen bieten die jährlich wiederkehrende Möglichkeit (keine Verpflichtung), einen zusätzlichen Betrag der Schulden zu tilgen. Das reduziert einerseits die Restschuld nach Ablauf der Sollzinsbindung, und andererseits verringert es den Zinsanteil innerhalb der monatlichen Annuität.

Tilgungswechseloptionen bieten sich immer dann an, wenn sich innerhalb der Sollzinsbindung Änderungen in der Einkommenssituation andeuten. Das kann zum Beispiel der mit einer Familienplanung verbundene Wegfall eines Einkommens sein. In dem Moment kann die Monatsrate durch eine Tilgungsreduzierung kurzfristig verringert und später dann wieder erhöht werden.

Die flexiblen Gestaltungsmöglichkeiten wie Sondertilgungen, Tilgungswechsel- oder Volltilgungsoptionen und vor allem die Einfachheit des Konzepts machen das Annuitätendarlehen zu der am häufigsten genutzten Finanzierungsform für private Immobilienfinanzierungen.

Festdarlehen (oder Zinszahlungsdarlehen)

Bei einem Festdarlehen werden während der Sollzinsbindung nur Zinsen gezahlt. Tilgungen in das Darlehen finden nicht statt. Die Tilgung wird vertraglich „endfällig" geleistet, das heißt nach Ablauf der Vertragslaufzeit. Da über die Jahre nicht regelmäßig getilgt wird, entspricht die Restschuld nach Ablauf der Sollzinsbindung der ursprünglichen Darlehenssumme. Diese Darlehensform wird häufig verwendet, wenn parallel in Tilgungsersatzprodukte (= Tilgungssurrogate) angespart wird. Das können unter anderem ein Bausparvertrag, eine Lebensversicherung oder eine Rentenversicherung sein. Die beiden letztgenannten werden seit einigen Jahren in der Praxis nicht mehr verwendet. Für den Erwerb einer selbst genutzten Immobilie ist diese Finanzierungsform nicht geeignet. Der fehlende „annuitätische Effekt" verteuert das Darlehen. Zudem besteht das Risiko, dass nach Ablauf der Sollzinsbindung die Restschuld nicht ganz durch das Tilgungsersatzprodukt abgelöst werden kann. Dann müsste zusätzliches Kapital beigesteuert werden.

Der Bausparvertrag und die Bauspar-Sofortfinanzierung

Bei einem Bausparvertrag werden zwei Produkte in einem zusammengefasst: ein Sparvertrag und ein Darlehensvertrag. In den ersten Jahren wird der Bausparvertrag „bespart" (auch: Ansparphase), und anschließend wird ein Darlehen ausgezahlt, welches mit einer Monatsrate zurückgezahlt wird (= Darlehensphase). Zunächst muss die sogenannte Bausparsumme (= Summe aus angespartem Kapital und Bauspardarlehen) festgelegt werden. Je nach Vertragsmodalität müssen von dieser Summe 30–50 % in einer bestimmten Zeit (zum Beispiel in 10 Jahren) angespart werden. Dann ist der Bausparvertrag „zuteilungsreif", und das vereinbarte Darlehen kann ausgezahlt werden. So kann beispielsweise eine Restschuld eines Immobiliendarlehens nach 10 Jahren mit dem Guthaben verringert und mit dem Darlehen weiterfinanziert werden. Der Bausparvertrag dient in dieser Variante also einer Absicherung gegen steigende Zinsen nach Ablauf der Sollzinsbindung. Es gibt jedoch keine Verpflichtung, das Darlehen anzunehmen, es ist eine Option. Sie können sich das Guthaben auszahlen lassen und den Vertrag weiter besparen. Guthabenzins für die Ansparphase und Darlehenszins für die Darlehensphase werden zum Zeitpunkt des Vertragsschlusses bereits fest vereinbart. Beim Abschluss eines Bausparvertrags fallen zusätzliche Kosten an: eine Abschlussgebühr in Höhe von 1,0–1,6 % der Bausparsumme und eventuell Kontoführungsgebühren.

Schnell stellen Sie fest, dass ein normaler Bausparvertrag für eine aktuelle Immobilienfinanzierung also leider noch nicht weiterhilft. Hierfür kann die sogenannte Bauspar-Sofortfinanzierung, auch als Konstantdarlehen bezeichnet, verwendet werden. Es handelt sich dabei um eine Variante eines Bausparmodells, um sofort ein Darlehen erhalten zu können. Einfach erklärt, funktioniert das folgendermaßen: Bis zum Zeitpunkt der Zuteilungsreife des Bausparvertrags muss ein Zwischenfinanzierungsdarlehen (Vorausdarlehen) in Höhe der Bausparsumme aufgenommen werden. Dieses Darlehen wird nicht getilgt, sondern am Ende der Sollzinsbindung mit dem angesparten Bauspargurthaben und dem Bauspardarlehen abgelöst bzw. getilgt und so die nächsten Jahre weiterfinanziert. Das hört sich erst einmal gut an, ist jedoch in den meisten Fällen die teurere Variante. Denn Sie zahlen in den ersten Jahren nur Zinsen und tilgen nicht. Des Weiteren gibt es auch bei dieser Variante Kosten in Form der Abschlussgebühr. Daher ist der Gesamteffektivzins (also nicht der effektive Jahreszins für das Vorfinanzierungsdarlehen und das Bauspardarlehen separat) über die Gesamtlaufzeit der entscheidende

Wert. Bestehen Sie darauf, dass Ihnen dieser rechtlich ordnungsgemäß ausgewiesen wird. Nur so können Sie ein komplexes Produkt mit einem einfachen und transparenten Annuitätendarlehen vergleichen.

Eine Tilgungswechseloption ist bei einem Konstantdarlehen übrigens nicht vorgesehen. Die Rate muss über die Gesamtlaufzeit gleichbleiben. Theoretisch sind Sondertilgungen erlaubt. In den ersten Jahren allerdings, das heißt so lange das Vorfinanzierungsdarlehen noch läuft, hat dies auf die Zinszahlungen keinen Einfluss. Es wird lediglich der Bausparvertrag etwas schneller bespart, was jedoch keinen Einfluss auf die Gesamtlaufzeit hat. Erst nach Zuteilung des Bauspardarlehens kann sinnvoll sondergetilgt werden. Vergleichbar ist die Bauspar-Sofortfinanzierung mit einem Volltilgungsdarlehen, das heißt einem Annuitätendarlehen, welches man innerhalb der Sollzinsbindung komplett entschuldet.

Fördermittel der KfW

Die Kreditanstalt für Wiederaufbau (KfW) bietet für den privaten Wohnungsbau verschiedene Förderprogramme in Form von zinsgünstigen Darlehen und Tilgungszuschüssen an. Je nach Vorhaben (Bau oder Kauf einer Immobilie, Modernisierungen) können verschiedene Programme für Sie relevant sein. Die Programme sind betragsmäßig und in der maximalen Laufzeit (damit ist die Höhe der Tilgung gemeint) begrenzt. Sie können die KfW-Darlehen nicht direkt bei der KfW beantragen. Dies erledigt das „durchleitende Kreditinstitut" für Sie, das heißt der Darlehensgeber, welcher auch die Hauptfinanzierung begleitet. Achten Sie in Ihrem Beratungsgespräch – egal ob mit dem Darlehensgeber oder mit einem Darlehensvermittler – auf jeden Fall darauf, dass mit Ihnen über diese Fördermöglichkeiten gesprochen wird. Einfache Pauschalaussagen, dass die aktuellen

Konditionen der KfW teurer sind als die des Darlehensgebers, sind zu ungenau. Lassen Sie sich die Möglichkeiten und Konditionen aufzeigen. Leider steckt hinter solchen Aussagen oftmals die Lustlosigkeit auf den „Extragang", den die Beantragung einer KfW-Finanzierung mit sich bringt oder einfach die möglicherweise geringere Verdienstmöglichkeit des Beraters. Für einige Programme gibt es auch Bedingungen, die erfüllt werden müssen. Zum Beispiel, dass ein Energiesachverständiger die entsprechende Maßnahme oder den Bau bestätigt. Dieser kann durchaus Extrakosten verursachen. Zudem dürfen die Maßnahmen auch noch nicht begonnen sein, bevor die Mittel beantragt werden. Beziehen Sie auch dies bei Ihrer Entscheidung mit ein, ob ein KfW-Darlehen als Baustein sinnvoll ist.

KfW-Darlehen können also eine sehr günstige Ergänzung bzw. ein Baustein im gesamten Finanzierungskonzept sein. Sie können, aber sie müssen es nicht. In jedem Fall wäre es allerdings fatal, diese Option nicht zu prüfen (weitere Informationen unter www. kfw.de).

Eventuell erhalten Sie weitere Fördermöglichkeiten vom Staat über das Bundesamt für Wirtschaft und Ausfuhrkontrolle (BAFA). Diese Förderungen sind jedoch in der Regel nicht so hoch, dass sie sinnvoll als Finanzierungsbaustein mit eingeplant werden sollten. Ein Zuschuss zu einer Heizung von beispielsweise 8 000 Euro ist zwar sehr schön, muss aber nicht zwingend bei der Finanzierung als Eigenkapitalersatzmittel helfen. Diese Zuschüsse werden in der Regel nach Fertigstellung der Maßnahme ausgeschüttet. Eine Heizung wird jedoch am Ende im Eigenheim installiert. An dieser Stelle muss das Eigenkapital bereits längst eingesetzt worden sein. Daher dient es als zusätzlicher Zuschuss, mit dem vorerst nicht kalkuliert werden sollte. Mehr dazu: www.test.de, Suche nach „BAFA".

Fördermittel der jeweiligen Bundesländer

KfW-Fördermittel sind für das gesamte Bundesgebiet verfügbar. Darüber hinaus bieten fast alle Bundesländer selbst noch verschiedene Förderprogramme an. Die Bedingungen für die Vergabe (zum Beispiel Einkommensgrenzen) und die Verwendungsmöglichkeiten (fremd oder selbst genutztes Wohneigentum) sind allerdings sehr verschieden. Die Vergabepraxis erweist sich als nicht einfach und wenig transparent. Darlehensgeber akzeptieren diese Mittel im Gegensatz zu KfW-Fördermitteln als Eigenkapitalersatzmittel. Leider können diese Darlehen in nur wenigen Ausnahmen direkt beim Kreditgeber oder Darlehensvermittler beantragt werden. Oftmals müssen die Gespräche mit dem Förderinstitut selbst geführt und muss das Darlehen selbst beantragt werden. Je nach Auslastung des Bundeslandes bzw. der Kommune werden diese Anträge unterschiedlich zügig bearbeitet. Zwischenfinanzierungen werden dann nicht selten notwendig. Bitte informieren Sie sich unbedingt rechtzeitig (vor Baubeginn, vor Unterschrift eines Bauträgervertrags usw.) vor Beginn der Maßnahme. Eine spätere Beantragung, also nach bereits erfolgtem Beginn, führt automatisch zu Ablehnung. Hier arbeiten die Länder leider oft etwas an der Praxis vorbei.

WORAUF SOLLTEN SIE BEI DEM GESPRÄCH ACHTEN?

Ihr Ziel in einem Finanzierungsgespräch ist es, ein konkretes Finanzierungsangebot zu erhalten. Es schafft also die inhaltliche Basis, auf der Ihr Darlehensvertrag letztlich erstellt und vom Finanzierer die Darlehensgenehmigung erteilt wird. Deshalb ist eine gute Vorbereitung, wie in den vorherigen Kapiteln beschrieben, sehr empfehlenswert. Dazu gehört auch, dass Sie rechtzeitig einen Termin mit dem Berater Ihres Finanzierers oder Darlehensvermittlers vereinbaren.

Ideal ist es, wenn der Berater bereits vor dem Termin die notwendigsten Unterlagen erhalten hat, damit er sich diese anschauen und auch schon prüfen kann. Umso konkreter kann das Konditionsangebot erstellt werden, welches Ihnen nach dem Gespräch ausgehändigt oder per Mail bzw. Post zugeschickt wird. Schaffen Sie es nicht, die Unterlagen im Vorfeld via E-Mail bzw. Post zu senden, oder möchten Sie das nicht, dann nehmen Sie Ihre Unterlagenmappe zum Gespräch mit. Ein elektronisches Speichermedium (zum Beispiel ein USB-Stick) ist prinzipiell auch möglich, nur werden diverse Sicherheitsvorkehrungen der Bank die sofortige Nutzung meist unterbinden. Notieren Sie sich im Vorfeld auf einem Blatt Papier Ihre wichtigsten Fragen, die Sie dem Berater stellen möchten (mit Platz für Notizen der Antworten), und beachten Sie unsere Tipps für das Gespräch (siehe links).

Führen Sie ein persönliches Gespräch in den Räumen des Beraters, dann erscheinen Sie gepflegt. Ihr äußerliches und kommunikatives Auftreten beeinflusst indirekt Ihre Möglichkeiten. Das heißt nicht, dass ein Berater tun und walten kann, wie es ihm beliebt. Aber Ihr Eindruck beeinflusst ihn sicher bei der Entscheidung: Mache ich es dieser Kundin/dem Kunden eher etwas schwer oder eher leicht?

Umgekehrt können Sie das Auftreten des Beraters ebenso auf sich wirken lassen. Die Beratungen von Immobilienfinanzierungsvorhaben sind alles andere als einheitlich. Teils werden diese qualitativ gut und umfassend geführt, teilweise jedoch auch inhaltlich falsch und ungenügend, wie nicht zuletzt unsere Untersuchungen wiederholt aufgezeigt haben. Über eines muss man sich als Kunde

Tipps und Vorgehen:

► Erkundigen Sie sich im Vorfeld über mögliche Fragen, die Ihnen der Berater stellen könnte und notieren Sie die Antworten.

► Nehmen Sie alle vorbereiteten Unterlagen mit zum Gespräch.

► Schildern Sie Ihre Wünsche und Bedürfnisse und erläutern Sie Hintergründe.

► Prüfen Sie die Berechnung des Finanzierungsbedarfs anhand Ihrer Kostenaufstellung und Vermögenswerte.

► Wurden alle Wünsche im Finanzierungsvorschlag berücksichtigt?

► Lassen Sie sich den Finanzierungsvorschlag erklären und fragen Sie nach, wenn Sie etwas nicht verstehen.

► Lassen Sie sich unbedingt einen Tilgungsplan zum Finanzierungsvorschlag erstellen.

► Fragen Sie nach der Empfehlung des Beraters.

► Holen Sie sich Vergleichsangebote zu diesem Angebot ein.

► Prüfen und vergleichen Sie die Angebote vorerst selbst und in Ruhe. Holen Sie sich bei Bedarf Unterstützung von unabhängiger Seite.

natürlich im Klaren sein: Eine Beratung bei einer bestimmten Bank oder einer bestimmten Sparkasse kann qualitativ gut sein, jedoch nicht wirklich unabhängig hinsichtlich der Produktauswahl. Ein Berater ist immer auf das Produktportfolio des eigenen Arbeitgebers angewiesen. Die Auswahl dieser Produkte kann umfänglich oder eben weniger umfänglich sein. Ein Beispiel: Wenn nach Ihren Vorüberlegungen und dem Beratungsgespräch herauskommt, dass Sie an einer langfristigen Zinssicherheit interessiert sind (das heißt 15 oder 20 Jahre), dann kann es sein, dass Ihnen der Berater gar kein zinsbewusstes Annuitätendarlehen für 15 oder 20 Jahre anbieten kann. Er hat schlicht und einfach kein Produkt dafür. Alternativ wird er Ihnen die Zinssicherheit auch anbieten, in diesem Fall eben in Kombination mit einem komplizierten Bausparvertrag. Einen Vorwurf kann man dem Berater hier nicht machen. Dies soll nur ein Denkanstoß sein, über die „Objektivität" bzw. „Unabhängigkeit" hinsichtlich der Produktauswahl eines Anbieters nachzudenken und das unterbreitete Angebot so auch einzuordnen. Objektive und professionelle Darlehensvermittler haben hier einen Vorteil. Sie können frei wählen, welche Produktlösung eines Darlehensgebers in Deutschland am ehesten zu Ihrem Vorhaben und Ihren Wünschen passt.

Nach der im März 2016 erschienen Wohnimmobilienkreditrichtlinie haben sowohl Darlehensgeber als auch Darlehensvermittler gewisse gesetzliche Vorgaben einzuhalten.

Kein Kaufzwang

Lassen Sie sich niemals drängen, ein bestimmtes Angebot sofort abzuschließen. Ein professioneller Berater wird Ihnen lediglich seine Empfehlung aussprechen. Hören Sie dabei auch auf Ihr Bauchgefühl. Sind Sie sich unsicher, ob die angebotene Finanzierungslösung die richtige ist, dann erbitten Sie Bedenkzeit und prüfen das Angebot entweder selbst oder lassen Sie es von unabhängiger Seite prüfen.

Ein Grundsatz gilt immer: Falls Sie Unklarheiten zum Angebot oder der Finanzierungslösung haben, dann stellen Sie alle Ihre Fragen und notieren sich die Antworten des Beraters. Fragen Sie so lange, bis Sie alles verstanden haben, was Sie wissen wollen.

Bei einem Darlehensvermittler sind es die vorvertragliche Information, der Darlehensvermittlungsvertrag und ein Beratungsprotokoll. Letzteres muss Ihnen auch zur Verfügung gestellt werden. Bei einem Darlehensgeber gibt es ebenso ein Beratungsprotokoll und vorvertragliche Informationen zum Darlehensvertrag, ein ESIS-Merkblatt usw. (siehe auch Seiten 66 ff.)

DAS PROFESSIONELLE UND SERIÖSE KONDITIONSANGEBOT

→ S. 147 Nutzen Sie zum besseren Verständnis das Beispiel aus der Checkliste „Konditionsangebot". Nach Aufstellung der Gesamtkosten und Abzug des einzusetzenden Eigenkapitals ergibt sich der Finanzierungsbedarf. Und dieser soll nun mit einer geeigneten Finanzierungslösung gedeckt werden.

Die Darstellung der Finanzierungslösung sollte übersichtlich und schlüssig sein. Die Detailbeschreibung der einzelnen Teildarlehen bzw. Finanzierungsbausteine muss alle preis- und abschlussrelevanten Bedingungen beinhalten. Fehlen in Ihrem Angebot wichtige Angaben im Vergleich zu unserer Checkliste, dann erfragen Sie diese Informationen oder, noch besser, lassen Sie sich diese schriftlich bestätigen. Der beispielhafte Aufbau des Konditions- und Finanzierungsangebots aus der Checkliste bezieht sich auf ein oder mehrere Annuitätendarlehen. Lösungen mit Bausparverträgen sind deutlich umfangreicher und vom Aufbau her auch schwerer nachzuvollziehen und zu vergleichen. Alle Inhalte müssen jedoch auch hier aufgeführt sein.

Ein seriöser Berater übermittelt Ihnen das Konditionsangebot schriftlich (per E-Mail, Fax) oder händigt es persönlich im Gespräch aus. Es beinhaltet folgende Details:

Der Darlehensbetrag = Der Darlehensbetrag oder die Summe der Teildarlehensbeträge muss Ihrem Finanzierungsbedarf entsprechen. Ist dieser kleiner, dann besteht eine Finanzierungslücke. Ist er größer, dann besteht eine Überfinanzierung.

Die Sollzinsbindung = Die Sollzinsbindung spiegelt die mit dem Darlehensgeber geschlossene Vertragslaufzeit wider. Während dieser Zeit ist Ihr Sollzins vertraglich festgeschrieben. Nach Ablauf der Sollzinsbindung besteht die Möglichkeit der Anschluss-finanzierung oder einer Rückführung der Restschuld (sofern vorhanden) aus Eigenkapital. Sollzinsbindungen gibt es für 1 bis maximal 30 bzw. 35 Jahre. Die meisten Darlehensgeber bieten 5 bis 15 Jahre an.

Effektiver Jahreszins = Mit dem effektiven Jahreszins wird der Preis eines Darlehens gemäß §6 Preisangabenverordnung (PAngV) angegeben. Der effektive Jahreszins dient von vielen Preisbestandteilen am ehesten dazu, das günstigste Angebot für Ihr Finanzierungsvorhaben herauszufinden. Das liegt vor allem daran, dass der effektive Jahreszins nach gesetzlichen Vorgaben zu ermitteln ist. Es werden (fast) alle Kosten des Darlehens einer Immobilienfinanzierung berücksichtigt, und so ist eine gute Vergleichsmöglichkeit verschiedener Angebote gegeben.

Bei der Berechnung soll eigentlich die Gesamtlaufzeit berücksichtigt werden. Bei einer Immobilienfinanzierung ist dies aber eher schwieri: Mit welchem Zinssatz soll nach Ablauf der Sollzinsbindung weiter gerechnet werden? Gesetzlich ist dies leider nicht eindeutig festgelegt. Vereinzelte Kreditinstitute rechnen beispielsweise nach 10 Jahren mit einem günstigeren, variablen Zinssatz weiter. So kann das Kuriosum entstehen, dass der effektive Jahreszins niedrger als der Sollzins ist. Spätestens jetzt eignet sich der effektive Jahreszins nicht mehr für einen Angebotsvergleich.

Gebundener Sollzins = Es handelt sich dabei um den Zins, der für die Berechnung Ihrer Monatsrate, der Annuität (bei einem Annuitätendarlehen), genutzt wird. Sollzinsen werden immer von der Restschuld des Darlehens berechnet.

Anfänglicher Tilgungssatz = Der Tilgungssatz beeinflusst die Höhe Ihrer Rate und ist

Gültigkeit des Kreditangebots

Einer der wichtigsten Bestandteile eines Konditionsangebots ist insbesondere die Information, wie lange sich die Bank bzw. der Darlehensvermittler an die angebotenen Konditionen hält. In der Praxis ist es so, dass zur Wahrung der Frist nicht nur die Unterschrift oder Information ausreicht, dass Sie die Konditionen so annehmen. Vielmehr müssen alle zur Finanzierungsentscheidung notwendigen Unterlagen rechtzeitig vorliegen, welche Ihnen der Darlehensvermittler oder der Finanzierer mitgeteilt haben.

Ausdruck dafür, wie schnell Sie Ihr Darlehen zurückzahlen. Führt die Höhe der Tilgung nach Ablauf der Sollzinsbindung auf eine Restschuld von null Euro, dann spricht man von einem Volltilgungsdarlehen.

Monatliche Belastung = Die Summe aus Sollzins und Tilgung geteilt durch zwölf ergibt die Monatsrate. Diese Rate ist für die Dauer der Sollzinsbindung festgeschrieben. Die Zahlung der Monatsrate über die Vertragslaufzeit ergibt die errechnete Restschuld nach Ablauf der Sollzinsbindung.

Restschuld am Ende der Sollzinsbindung = Der errechnete Darlehensstand nach Ablauf der Vertragslaufzeit, welcher sich nach Zahlung der Monatsraten (ohne geleistete Sondertilgungen) ergibt.

Kalkulatorische Darlehenslaufzeit = Die Begriffe Gesamtlaufzeit und Sollzinsbindung werden oft sprachlich vermischt. Die Laufzeit bzw. Gesamtlaufzeit gibt die Zeit an, bis wann das Darlehen vollständig zurückgezahlt ist. Um dies berechnen zu können, werden zwei Annahmen getroffen: Nach Ablauf der Sollzinsbindung kann mit dem gleichen Sollzins und identischem Tilgungsniveau weiterfinanziert werden. Die Gesamtlaufzeit wird durch die Höhe der anfänglichen Tilgung bestimmt. Durch die Angabe der Gesamtlaufzeit erhal-

ten Sie ein gutes Gespür für die Dauer der vollständigen Entschuldung.

Sondertilgungsmöglichkeit = Eine Sondertilgung ist eine vertraglich festgelegte Option, das heißt eine freiwillige Leistung, mit welcher Sie die Restschuld Ihres Darlehens zusätzlich reduzieren können. Jährliche Sondertilgungen können nicht in das nächste Jahr übertragen werden. Sondertilgungen kosten häufig, je nach Darlehensgeber, einen Aufschlag auf den Sollzins.

Bereitstellungszinsfreie Zeit = In dieser Zeit zahlen Sie keine Bereitstellungszinsen für noch nicht ausbezahlte Darlehensteile (siehe „Gesamtkosten" Seite 15, Checkliste Seite 101).

Bereitstellungszins danach = Angabe des Zinssatzes (Achtung: im Unterschied zum gebundenen Sollzins meist als Monatszins ausgewiesen), der nach Ablauf der bereitstellungszinsfreien Zeit auf den noch nicht ausbezahlten Darlehensteil zusätzlich berechnet wird. Diese zusätzlichen Zinszahlungen sollten im Vorfeld kalkuliert werden, um keine Überraschungen erleben zu müssen).

Schätzkosten/Wertermittlungsgebühren = Darlehensgeber müssen die finanzierten Objekte mindestens besichtigen (lassen) oder – ab einer bestimmten Darlehenssumme, einer bestimmten Objekt- bzw. Nutzungsart – ein Wertgutachten erstellen. Wertermittlungsgebühren dürfen Verbrauchern in der privaten Baufinanzierung eigentlich nicht mehr in Rechnung gestellt werden. Daher sind diese in der Kondition verrechnet. Ausnahmen ergeben sich mitunter, wenn sich ein Verbraucher einen Darlehensvertrag hat erstellen lassen und diesen dann aufgrund reiner Willkür nicht annimmt, dann können diese Kosten durchaus in Rechnung gestellt werden.

Teilauszahlungszuschläge = Manche Finanzierer verlangen ab einer bestimmten Zahl an Auszahlungen (meist relevant für Bauvorhaben) einen Auszahlungszuschlag (pro Auszahlung zum Beispiel 25 Euro.) Wenn dem so ist, muss es im Angebot mit aufgeführt sein.

Teilauszahlungszuschläge kommen immer seltener vor.

Tilgungsart = Bei Immobiliendarlehen wird meistens annuitätisch getilgt, das heißt dann wird ein Annuitätendarlehen als Finanzierungsform gewählt (siehe Seite 54). Innerhalb der Monatsrate, die bei einem Annuitätendarlehen konstant bleibt, steigt mit der Zeit der Tilgungsanteil und der Zinsanteil sinkt.

Zahlweise = Als übliche Zahlweise hat sich in der Praxis „monatlich nachschüssig" bewährt. Maximal einen Monat nach Auszahlung des Darlehens wird das erste Mal die Monatsrate abgebucht.

Auszahlungskurs = Ein Auszahlungskurs von 100 Prozent besagt, dass Sie den Darlehensbetrag ohne irgendwelche Abschläge und somit zu 100 Prozent ausgezahlt bekommen.

Bearbeitungskosten = Im Konditionsangebot müssen mögliche Bearbeitungskosten ausgewiesen werden. Bei Annuitätendarlehen mit Festzinsen spielen diese keine Rolle mehr. Lediglich bei variabel verzinsten Darlehen verlangen ein paar Finanzierer noch Bearbeitungsgebühren. Ähnlich ist die Abschlussgebühr bei Bausparverträgen zu sehen.

Kontoführungsgebühren = Außer bei Bausparverträgen sind Kontoführungsgebühren nicht mehr üblich.

Sonstige Vereinbarungen = Hier können alle anderen verpflichtende oder freiwillige Leistungen stehen. Es muss beispielsweise darauf hingewiesen werden, wenn ein Verrechnungskonto (meist kostenfreies Girokonto) für das Abbuchen der Darlehensrate abgeschlossen werden muss. Bei Genossenschaftsbanken muss zudem i. d. R. ein Genossenschaftsanteil gezeichnet werden, auch das sollte Ihnen im Vorfeld in geeigneter Weise kommuniziert werden.

FINANZIERUNGSANGEBOTE VERGLEICHEN

S. 149 Um es vorwegzunehmen: Zwei Annuitätendarlehen oder zwei Bausparfinanzierungslösungen lassen sich recht gut miteinander vergleichen. Beim Vergleich zwischen einem Annuitätendarlehen und einer Bausparfinanzierung hingegen wird es schwierig. Oft wird hierbei Unterstützung eines unabhängigen Experten benötigt.

Sie wollen Ihre vorliegenden Finanzierungsangebote miteinander vergleichen? Dann achten Sie darauf, dass gleiche bzw. ähnliche Bedingungen gelten. Diese sollten Sie sich im Vorfeld überlegen, um die Ergebnisse (die Angebote der verschiedenen Darlehensgeber) gegenüberstellen zu können. Geben Sie den relevanten Darlehensgebern während des Finanzierungsgesprächs identische Finanzierungswünsche, und lassen Sie sich die Finanzierungsvorschläge erstellen. Die meisten Angaben können Sie dabei einfach aus den jeweiligen Konditionsangeboten entnehmen. Tragen Sie die Checkliste „Vergleich von Konditionsangeboten" ein, und achten Sie im Speziellen auf folgende Punkte:

❶ Effektiver Jahreszins: Sehen Sie diesen im Zusammenhang mit dem Sollzins. Es gibt Finanzierer, bei denen ist der effektive Jahreszins gleich oder niedriger dem Sollzins. Das hat etwas mit einer anderen Interpretation eines Rechenweges zu tun. In so einem Fall legen Sie beim Vergleich mehr Wert auf den Sollzins.

❷ Höhe der Restschuld nach Sollzins-Bindungsende: Dieser Wert ist für einen Vergleich von Finanzierungslösungen von großer Bedeutung. Jedoch lauern hier Fallstricke, die man unbedingt kennen sollte. Für die Berechnung der Restschuld ist der Auszahlungszeitpunkt (vollständige Darlehensauszahlung) relevant. Maximal einen Monat später beginnt normalerweise die Tilgung des Darlehens.

Ein guter Berater wird Sie also fragen, wann das Darlehen ungefähr ausgezahlt werden soll, um für die Erstellung des genauen Angebots und des Tilgungsplans den Tilgungsbeginn exakt ermitteln zu können. Im Zweifel liegt die Vollauszahlung gerade bei Bauvorhaben einige Monate in der Zukunft. Das bedeutet im Umkehrschluss: Wenn Sie später beginnen zu tilgen, haben Sie auch weniger Zeit, das Darlehen zurückzuzahlen. Die Sollzinsbindung beginnt nämlich mit Vertragsabschluss und nicht mit Tilgungsbeginn. Dieses Angebot würde also bei sonst gleichen Bedingungen eine höhere Restschuld ausweisen als ein identisches Angebot mit früherem Tilgungsbeginn und somit – scheinbar – unattraktiver wirken. Und das nur, weil Sie der andere Berater dazu nicht befragt hat. Hier lohnt sich eine Nachfrage.

Achten Sie bei der Berechnung der Restschuld ebenso darauf, dass im zugrunde liegenden Tilgungsplan keine über die Jahre möglichen Sondertilgungen mit eingerechnet werden. Leider hat es sich in der Praxis hier und da eingeschlichen, freiwillige Sondertilgungen oder staatliche Zuschüsse (Riester) im Tilgungsplan bereits als gegeben zu erfassen. Das reduziert künstlich Ihre Restschuld und lässt das Angebot attraktiver wirken. Freiwillige Zahlungen, wie es Sondertilgungen nun einmal sind, gehören nicht in einen Tilgungsplan. Es sei denn, Sie möchten es explizit so.

Eine weitere Besonderheit zur Restschuld: Ein niedrigerer Sollzins bei einem Finanzierungsvorschlag führt bei gleicher Tilgung zu einer geringeren Monatsbelastung. Dieses Angebot hat, im Vergleich zum teureren Angebot, eine höhere Restschuld und scheint damit unattraktiver. Es scheint aber nur auf den ersten Blick so. Hierzu genügt der Blick auf die während der Sollzinsbindung gezahlten Zinsen (in absoluten Eurobeträgen). Der Betrag ist natürlich deutlich kleiner als das Angebot mit dem höheren Sollzins. Auch hierbei spielt der Tilgungsbeginn eine wichtige Rolle. Ist dieser identisch, dann wird mittels Tilgungsplan schnell klar, wie hoch die Ersparnis dann tatsächlich ist.

Info   Wenn möglich, Tilgung erhöhen

Wenn die Monatsrate mit dem höheren Sollzins noch in Ihr gestecktes Budget passt, dann ist es absolut empfehlenswert, die gesparten Zinsen (prozentualer Wert) beim günstigeren Angebot zusätzlich in die Tilgung zu stecken. Jetzt schlagen Sie gleich zwei Fliegen mit einer Klappe: Die während der Vertragslaufzeit absolut gezahlten Zinsen werden geringer, und gleichzeitig reduzieren Sie mit dem höheren Tilgungssatz Ihre Darlehensrestschuld. Die Gesamtlaufzeit des Darlehens nimmt dabei ebenfalls ab.

Fazit: Es fließen verschiedene Faktoren in einen Angebotsvergleich mit ein. Fragen Sie daher bei Bedarf nach, wie oder auf welcher Basis die jeweiligen Finanzierungsvorschläge erstellt wurden. Nähern Sie sich dem optimalen Angebot über identische Monatsraten an. Wenn Sie die reinen Kostengesichtspunkte überprüft haben, lassen Sie die anderen Faktoren (Auszahlungsaufschläge, Höhe der Bereitstellungszinsen, Verwendungsnachweise für die Auszahlung u. a.) mit einfließen.

DARLEHENSVERTRAG UND AUSZAHLUNG

Der Darlehensvertrag ist neben dem Bau- bzw. Bauträgervertrag der wichtigste Baustein im Rahmen der Finanzierung. Wer einen Darlehensvertrag seines Kreditgebers in den Händen hält, hat bereits die größten Steine, die einer Finanzierung im Wege stehen könnten, erfolgreich aus dem Weg geräumt. Nur denjenigen, die auch kreditwürdig erscheinen, macht die Bank, Sparkasse oder die Versicherungsgesellschaft ein Angebot auf Abschluss eines Kreditvertrags.

Wir wollen Sie in diesem Kapitel begleiten und informieren, worauf Sie beim Darlehensvertrag und den anstehenden Auszahlungen achten sollten. Dabei sollten Sie nicht vergessen, dass der Darlehensvertrag und der Bauvertrag zwar zwei juristisch zu trennende Verträge sind, die sich dennoch einander bedingen. Speziell in der Auszahlungsphase zeigt sich dies deutlich.

DOKUMENTENBÜNDEL DARLEHENSVERTRAG

Sich als Laie mit seinem Darlehensvertrag zu beschäftigen, kann zeitintensiv und nervenaufreibend sein. Wer nämlich eine Immobilie mit Fremdkapital finanziert, wird sehr schnell feststellen, dass es sich bei der Darlehenszusage des Finanzierungsinstituts nicht nur um einen Vertrag handelt. Zu diesem sind in den vergangenen Jahren zahlreiche Regelungen und Anforderungen hinzugekommen, die Banken, Versicherungen und Darlehensvermittler im Hinblick auf Transparenz und Verbraucherschutz in ihren Vertrags- und Informationswerken umzusetzen hatten. Diese führen beim Kunden erst einmal dazu, dass er sich einem Wust an Papierbergen gegenübersieht, wenn er den Briefumschlag der Bank öffnet. Das schon frühere „Fachchinesisch" eines Immobilienkredits ist natürlich geblieben, das Neue noch hinzugekommen.

Der Darlehensvertrag selbst

Da ist zunächst einmal der Darlehensvertrag mit seinen Vertragsinhalten zu nennen. Hier sollten die wichtigsten Regelungen und genau die Bedingungen enthalten sein, die Sie mit Ihrem Finanzierungberater besprochen haben.

Die Sicherheitenbestellung

Die heute überwiegende Absicherung im Zusammenhang mit Immobilienkrediten ist die Grundschuld. Die Grundschuld ist ein dingliches Recht. Dingliches Recht bedeutet Recht an einer Sache. Im Volksmund wird regelmäßig immer noch von der Aufnahme eines Hypothekendarlehens gesprochen. Die Hypothek galt früher als Absicherungspraxis von Immobilienkrediten. Heutzutage lassen jedoch nur noch Spezialbanken (Hypothekenbanken) oder einige Lebensversicherungsgesellschaften Hypotheken als Sicherheit in das Grundbuch eintragen.

Grundschuld und Hypothek: Die Grundschuld ist ein abstraktes Recht, sie besteht losgelöst von einer Forderung/Darlehensforderung. Was zunächst negativ klingt, ist in der Kreditpraxis für den Darlehensnehmer eher vorteilhaft. Bei einem durch eine Hypothek gesicherten Darlehen sinkt der Wert der Sicherheit (Hypothek) allmählich entsprechend der Restschuld des Kredits. Die Sicherheit ist akzessorisch (an die Forderung gebunden und in der Höhe gleich der Forderung).

Beispiel: Ursprüngliche Darlehensaufnahme für den Hausbau 200 000 Euro, Restschuld heute ist noch 100 000 Euro. Geplant ist eine Sanierung mit Kosten von 50 000 Euro, die durch Fremdfinanzierung aufgebracht werden sollen.

Bei dem Ursprungsdarlehen hat sich die Bank eine Sicherheit von 200 000 Euro entweder als Hypothek oder als Grundschuld eintragen lassen. Durch die anstehende Sanierung muss jetzt, wenn eine Hypothek eingetragen ist, eine zusätzliche Sicherheit in Höhe von 50 000 Euro gestellt werden. Das ist mit neuerlichen Notar- und Grundbuchamtkosten verbunden. Die Grundschuld ist jedoch abstrakt und kann als Sicherheit wiederaufleben und für dieses Sanierungsdarlehen ohne Zusatzkosten dienen.

Die Sicherungszweckerklärung

Darlehensvertrag und Sicherheitenstellung mit Eintragung im Grundbuch sind zunächst völlig losgelöst und bedingen einander nicht. Aus der Eintragung einer Grundschuld lassen sich weitreichende Rechte bis hin zu Zwangsvollstreckungsmaßnahmen ableiten, ohne dass es einen nachvollziehbaren Grund dafür geben muss. Um ein solch unbilliges Vorgehen des Gläubigers (Kreditgebers) zu vermeiden, ist die Sicherungszweckerklärung – auch Sicherungsabrede genannt – da. Durch die Regelungen der Zweckerklärung ist zu erkennen, für welche Zwecke (Forderungen) die Sicherheit dient und unter welchen Umständen und Voraussetzungen die Sicherheit verwertet werden darf.

Vorvertragliche Informationen – VVI

Die Pflicht der Kreditinstitute zu vorvertraglichen Informationen entspringt dem Verbraucherschutzgedanken und war gemäß EU-Recht im Geltungsbereich der Europäischen Union in Landesrecht in Form der Wohnimmobilienkreditrichtlinie – WIKR – umzusetzen. In Deutschland ist dies unter anderem im Artikel 247 EGBGB (Einführungsgesetz zum Bürgerlichen Gesetzbuch) – „Informationspflichten bei Verbraucherdarlehensverträgen, entgeltlichen Finanzierungshilfen und Darlehensvermittlungsverträgen" geregelt. Unter anderem wird der Kunde darauf hingewiesen, dass eine Kreditwürdigkeitsprüfung stattfindet und welche Unterlagen dafür benötigt werden. Das Augenmerk der Betrachtung in diesem Kontext liegt auf dem Immobiliar-Verbraucherkreditvertrag.

Besonderheit: Vermittlung von Immobiliar-Verbraucherdarlehensverträgen

Erfolgen die Kreditberatung und Darlehensanbahnung über einen Kreditvermittler, so ist hierüber in einer gesonderten VVI zu informieren. Hinweise auf die Bezeichnung und den Firmensitz des Darlehensvermittlers sind in die VVI ebenso aufzunehmen wie Auskünfte über dessen Dienstleistungen. Darüber hinaus gibt sie Auskunft über gegebenenfalls vom Verbraucher verlangte Vergütungen sowie Entgelte, Provisionen und Anreize Dritter. Die Information über das außergerichtliche Beschwerde- und Rechtsbehelfsverfahren mit Angabe der Schlichtungsstelle ist ebenfalls enthalten.

ESIS–Merkblatt

Mit diesem EU-weit standardisierten Merkblatt wird der Verbraucher explizit und separat über die wesentlichen Vertragsinhalte des Darlehensvertrags informiert. Die zwingenden Bestandteile sind Auskünfte über:

► den Namen und die Anschrift des Darlehensgebers,
► die Art des Darlehens,
► den effektiven Jahreszins,
► den Nettodarlehensbetrag,
► den Sollzinssatz inkl. Bedingungen, Zeitraum und/oder Index- bzw. Referenzzinsabhängigkeit,
► die Vertragslaufzeit,
► Betrag, Zahl und Fälligkeit der einzelnen Teilzahlungen,
► alle sonstigen Kosten, insbesondere im Zusammenhang mit der Auszahlung oder der Verwendung eines Zahlungsauthentifizierungsinstruments, mit dem sowohl Zahlungsvorgänge als auch Abhebungen getätigt werden können, sowie die Bedingungen, unter denenin der Zukunft die Kosten angepasst werden können,

▶ das Bestehen oder Nichtbestehen eines Widerrufsrechts.

Diese Daten müssen mit den im Darlehensvertrag übereinstimmen. Das ESIS-Merkblatt muss dem Kreditnehmer vor Vertragsschluss zugehen. In der Praxis wird es entweder separat versendet oder vor das eigentliche Vertragswerk gelegt, damit der Verbraucher die ESIS-Informationen zwingend vor allen anderen Unterlagen und insbesondere vor der Vertragsunterzeichnung liest.

WELCHE PUNKTE PRÜFE ICH IN DEN VERTRAGSUNTERLAGEN?

Zusammen mit den eigentlichen Vertragsunterlagen wird Ihnen der Kreditgeber nach der von ihm durchgeführten Kreditwürdigkeitsprüfung zahlreiche Informationen und Unterlagen zusenden. Aus den meisten ergeben sich weiter Handlungsableitungen für Sie. Die folgenden Ausführungen beziehen sich auf den erstmaligen Darlehensabschluss mit der jeweiligen Bank. Nutzen Sie dafür die Checkliste.

→ S. 153 **Ausfüllhilfe Prüfung aller Darlehensvertragsunterlagen**

Diese Übersicht soll Sie zielgerichtet durch Ihre Vertragsunterlagen führen, um diese kontrollieren zu können. Beurteilen Sie Unterlage für Unterlage und kreuzen Sie an, ob sie nach Ihrem Verständnis in Ordnung sind. Weiterhin haben Sie die Möglichkeit, Bemerkungen und Fragen zu notieren, die Sie Ihrem Baufinanzierungsberater oder Darlehensgeber stellen wollen. Schließen Sie mehrere Darlehensverträge ab, zum Beispiel auch bei der KfW, kopieren Sie diese Checkliste und führen die Prüfung für jeden Vertrag durch.

Das Anschreiben

Neben der eigentlichen Information der Darlehenszusage steht dort detailliert beschrieben, welche Unterlagen unterschrieben an die Bank zurückgeschickt werden sollen oder zum Verbleib bei Ihnen bestimmt sind. Weiterhin wird darauf hingewiesen, dass Sie eine Sicherheit (meist: Grundschuld) zugunsten der Bank bei einem Notar bestellen sollen. Darüber hinaus werden Sie darin auch oftmals darauf aufmerksam gemacht, welche Unterlagen noch zwingend vor einer Darlehensauszahlung beigebracht werden müssen. Auch wenn es selbstverständlich klingt – lesen Sie dieses Schreiben bitte sehr sorgfältig durch, und achten Sie auf die Fristen! Bei verspätet zurückgereichten Verträgen ist Ihr Geldgeber nicht mehr an sein Angebot gebunden. Außerdem lassen sich Irritationen rund um die Auszahlung somit vermeiden.

Das ESIS–Merkblatt

Die erforderlichen Informationen, die das ESIS–Merkblatt enthalten soll, wurden bereits beschrieben. Gleichen Sie nun den Inhalt mit den Bestandteilen und Regelungen im eigentlichen Darlehensvertrag ab.

Der Darlehensvertrag

Den Darlehensvertrag dezidiert zu prüfen, ist oberste Sorgfaltspflicht. Stehen darin Dinge, die Ihnen erst nach Unterschrift und Absendung an den Kreditgeber als zuvor anders besprochen auffallen, ist es in der Regel zu spät. Sie gelten als rechtswirksam vereinbart. Mindestens prüfen sollten Sie:

Angaben der Vertragspartner: korrekte Bezeichnung von Darlehensgeber und Darlehensnehmer, Sitz, Anschrift, Geburtsdatum?

Darlehenssumme: Entspricht die Summe der Darlehenshöhen (auch öffentliche Mittel) der Kreditbeantragung?

Zinsen: Sind der Sollzins – bei Zinsfestschreibung gebundener Sollzins – und der effektive Jahreszins richtig?

Sonstige Kosten: alle Kosten, die nicht im effektiven Jahreszins enthalten sind wie Zuschläge für Teilauszahlungen, Bereitstellungszinsen, Wertermittlungsgebühren.

Zinsbindungsdauer: Überprüfen Sie, ob die Festschreibungszeit bei einem Festzinsdarlehen Ihrem Antragswunsch entspricht.

Tilgungsszenario: Welche anfängliche Tilgung ist vereinbart? Sind die verabredeten Sondertilgungsoptionen enthalten? Ein Tilgungsersatz (Bausparvertrag oder Kapitallebensversicherung) ist eindeutig zu benennen und zu beschreiben.

Raten: Belastung (Ratenhöhe), Anzahl der Raten und Fälligkeitstermine müssen hier aufgeführt werden.

Sicherheiten der Bank: Überprüfen Sie, ob die Grundschuld oder Hypothek in beantragter Höhe und rangrichtiger Stelle aufgeführt ist; das gilt auch für ggf. sonstige Sicherheiten, die Sie vereinbart haben.

Widerrufsrecht und Widerrufsfrist: Der Gesetzgeber hat dem Verbraucher ein Widerrufsrecht bei Verbraucherdarlehensverträgen eingeräumt, geregelt im § 495 BGB in Verbindung mit § 355 BGB. Verbraucher sind Sie allerdings nur, wenn das Rechtsgeschäft (Darlehensvertrag) nicht überwiegend Ihrer gewerblichen oder selbstständigen beruflichen Tätigkeit zugerechnet werden kann. Die Widerrufsfrist beträgt 14 Tage mit Vertragsschluss, soweit nichts anderes bestimmt ist. In der Kreditpraxis unterzeichnet der Darlehensgeber in der Regel zuerst den Darlehensvertrag. Das bedeutet, dass Ihnen der Vertrag mit den weiteren Unterlagen bereits unterschrieben zugeht. Bis dahin ist er wie ein Angebot des Kreditgebers zu sehen. Mit Ihrer Unterschrift wird der Vertrag geschlossen und die Widerrufsfrist beginnt. Prüfen Sie, ob die Widerrufsbelehrung im Darlehensvertrag eindeutig ist und zweifelsfrei erkennbar wird, wann die Frist beginnt.

Die Sicherungszweckerklärung

Prüfen Sie die Sicherungszweckerklärung bzw. Sicherungsabrede insbesondere hinsichtlich ihres Umfangs. In der Praxis wird zwischen einer engen und einer weiten Sicherungszweckerklärung unterschieden.

Die enge Sicherungsabrede ist spezifisch auf den Anlasskredit abgestellt. Sollte es zukünftig zu unlösbaren Zahlungsproblemen kommen und der Kunde steht neben einer Baufinanzierung (für desen Kredit gilt die Zweckerklärung) beim selben Schuldner auch noch mit einem später gewährten Dispositionskredit in der Kreide, wäre dieser nicht über eine Zwangsvollstreckungsmaßnahme – dinglich über die Grundschuld – abgesichert.

Bei Unterzeichnung einer weiten Zweckerklärung sind auch die künftigen Forderungen von vornherein in den Sicherungszweck eingebunden. Eine weite Sicherungsabrede ist durchaus üblich, wenn der/die Darlehensnehmer mit dem/den Sicherungsgeber(n) identisch ist/sind. Üblich heißt aber nicht zwingend Bankpraxis.

Oft genug bedienen sich die Institute auch in diesen Fällen einer engen Zweckerklärung, die bei künftigen Kreditwünschen dann wieder erneuert wird. Die enge Zweckerklärung sorgt in jedem Fall für mehr Klarheit und Eindeutigkeit.

Formular Grundschuldbestellung

Sofern die Grundschuld als Sicherheit für das Darlehen vereinbart wurde, schicken die Finanzierungsinstitute regelmäßig schon vorbereitete Formulare für die Grundschuldbestellung mit. Die Grundschuldbestellung muss in Deutschland zwingend von einem Notar beurkundet werden. Lassen Sie sich nicht davon beirren, wenn die Banken bei der Zusendung dieses Formulars regelmäßig von der Grundschuld-Bestellungsurkunde sprechen. Dieser Begriff für dieses Formular ist unsinnig. Erst mit der Bestellung und Beurkundung durch den Notar wird das Blatt Papier zur Grundschuld-Bestellungsurkunde.

Nachdem der Notar die beurkundete Unterlage an das Grundbuchamt (beim Amtsgericht) übermittelt hat, wird die Grundschuld in das Grundbuch eingetragen. Der Vollzug dieser Eintragung kann von Grundbuchamt zu Grundbuchamt zeitlich sehr stark variieren, oftmals abhängig von Antragsaufkommen und Personalsituation.

Was sind Zinsen und Nebenleistungen der Grundschuld? Je nach Qualität ihres Finanzierungsberaters sehen sich viele Kunden bei Eingang der Vertragsunterlagen zum ersten Mal mit hohen Grundschuldzinsen und einer einmaligen Nebenleistung konfrontiert. Im Wortlaut heißt es dann zum Beispiel:

„Die Grundschuld ist vom heutigen Tage an mit 15 v. H. jährlich zu verzinsen. Die Zinsen sind jeweils nachträglich am ersten Werktag des folgenden Kalenderjahres fällig. Zusätzlich ist eine einmalige sonstige Nebenleistung in Höhe von 5 % zu zahlen."

In der Bankenpraxis kommen Grundschuldzinsen zwischen 10 % und 20 % sowie Nebenleistungen von 5 % bis 10 % vor. Diese Grundschuldzinsen stehen in keinem Zusammenhang mit Ihren vereinbarten Darlehenszinsen und sind auch nicht zusätzlich zu diesen zu entrichten! Sie sind vielmehr in Verbindung mit der Zwangsvollstreckungsunterwerfung zu sehen. Diese wiederum leitet sich aus der Grundschuldbestellung ab. Der Bank wird damit das Recht eingeräumt, ohne ein gerichtliches Urteil die Zwangsvollstreckung betreiben zu können.

Unabhängig von der Höhe der vereinbarten Vertragszinsen für die Kreditgewährung reichen diese nicht aus, um die Bank im Falle einer Zwangsversteigerung zu befriedigen. Deshalb kann sie über den Grundschuldzins, der deutlich höher ist, ihren tatsächlichen Anspruch in einem Zwangsversteigerungstermin überhaupt erst geltend machen. Damit fungiert der dingliche Zins auch als Verzugszins und sichert Ansprüche gegenüber dem Kunden, wenn sich ein Zwangsvollstreckungsverfahren über das Ende der Zinsfestschreibung hinaus hinzieht. Sollte das Zinsniveau nach Ablauf der Zinsperiode gestiegen sein, ist der dingliche Zins ein Regulativ.

Über die einmalige Nebenleistung, die üblicherweise mit 5–10 % vereinbart wird, sind Verfahrens- und Prozesskosten abgedeckt.

Fazit: Insgesamt darf die Bank im Innenverhältnis zum Kunden ausschließlich den ihr entstandenen Schaden verlangen. Insofern sollte Sie der Passus über die hohen dinglichen Zinsen und Nebenleistungen nicht beunruhigen, der im Übrigen bei allen Finanzierungsinstituten auch ähnlich ausgestaltet Verwendung findet.

Auszahlungsabruf(e)

Die Auszahlung(en) des Kredits werden regelmäßig auf von der Bank entwickelten Formularen beantragt. Möchten Sie eine Auszahlung veranlassen, so sind hierauf wie bei einer sonstigen Überweisung die Empfängerdaten inklusive IBAN, Verwendungszweck und Höhe der Auszahlung anzugeben. Sind mehrere

Personen Darlehensnehmer, sollten auch alle den Auszahlungsvordruck unterzeichnen.

SEPA-Lastschriftmandat

Das SEPA-Lastschriftmandat als Nachfolger der Einzugsermächtigung dient der Bank dazu, die regelmäßig wiederkehrenden Raten einzuziehen. Hier setzen Sie die Bankdaten des Instituts ein, bei dem die Raten für genau dieses Darlehen eingezogen werden sollen.

Einige Banken fordern für den Rateneinzug auch einen etwas umständlichen Weg. Diese Institute möchten, dass die Darlehensraten ausschließlich von einem Konto ihrer Bank beglichen werden. Versuchen Sie, sofern Sie nicht ohnehin Kunde dieser Bank sind, dieses Erfordernis „wegzudiskutieren". Gelingt Ihnen das nicht, sorgen Sie mit einem Dauerauftrag von Ihrem Girokonto dafür, dass immer hinreichend Deckung auf diesem neuen ungewollten Konto vorhanden ist. Achten Sie darauf, dass dieses Institut Ihnen für das geforderte Konto keine Kontoführungsgebühr in Rechnung stellt.

 ### Info   Kauf mit Mietvertrag

Haben Sie ein Renditeobjekt erworben, empfiehlt es sich, ein sogenanntes Mietkonto einzurichten, auf dem die Miete eingeht und alle Nebenkosten und auch die künftigen Raten abgebucht werden. Vielen Menschen fällt es leichter, diese Zahlungsverkehrstransaktionen über ein separates Konto abzuwickeln und nicht mit ihren sonstigen privaten Finanzen zu vermengen.

Noch ein paar Bemerkungen am Schluss

Abgesehen von Ihren persönlichen Darlehenskriterien erhalten Sie ein standardisiertes Vertragswerk. Dessen Inhalte sind zum Bei-spiel durch Spitzenverbände wie im Falle von Genossenschaftsbanken und Sparkassen bzw. deren angeschlossene Verlage qualitätsgesichert. Andernorts übernehmen ganze Heerscharen von Juristen die permanente Anpassung von Vertragsinhalten an die aktuelle Rechtsprechung. Ein übertriebenes Misstrauen gegenüber dem Kreditinstitut ist daher unbegründet. Prüfen Sie bitte dennoch Ihren Darlehensvertrag und was dazu gehört, sehr aufmerksam. Fragen Sie Ihrem Berater Löcher in den Bauch, wenn Sie etwas nicht verstehen. Bleibt trotzdem ein ungutes Gefühl, wechseln Sie den Berater oder die Bank, vielleicht auch beide.

Manche Kreditinstitute nehmen es mit Gesetzen, Verordnungen und der Rechtsprechung trotzdem nicht so genau. Sie erheben Kontoführungsgebühren bei Darlehenskonten oder berechnen Schätzkosten für ein externes oder internes Wertermittlungsgutachten. Beides ist unzulässig. Auch externe Gutachten, bei denen die Bank einen Gutachter vorgibt, den Sie aber bezahlen sollen, sollten Sie sehr kritisch betrachten.

Verlangen Sie einen Tilgungsplan, wenn er nicht selbstverständlich von der Bank mitgeliefert wird. Mit dem Vergleich zweier oder mehrerer Tilgungspläne können Sie ein gutes Gefühl für die Unterschiede der Banken entwickeln. Ein gebundener Sollzins von 0,10 % mehr oder weniger … was macht das schon? Weit gefehlt! Über die Jahre der Zinsfestschreibung kommen da spürbar abweichende Restschulden heraus. Je höher das Zinsniveau dabei ist, desto größer fällt der Unterschied aus.

Vertrag ist Vertrag – dieser kaufmännische Leitsatz gilt bei sehr langen Vertragslaufzeiten nicht ganz. Zumindest nicht für Sie, wenn Sie einen Darlehensvertrag mit einer Sollzinsbindung über 10 Jahre hinaus (15 Jahre und länger) abgeschlossen haben. Im Gegensatz zum Darlehensgeber räumt Ihnen der Gesetzgeber gemäß § 489 BGB ein Sonderkündigungsrecht ein: Zehn Jahre nach

Vollauszahlung des Darlehens können Sie mit einer Frist von 6 Monaten ohne Angaben von Gründen den Darlehensvertrag kündigen. Sinnvoll ist das natürlich nur, wenn die Anschlussfinanzierung günstiger ist als Ihre bis-herige Finanzierung oder Sie Eigenmittel zur Tilgung zur Verfügung haben (siehe „Exkurs: Wie gehe ich bei einer Anschlussfinanzierung vor?", Seite 51).

DIE DARLEHENSAUSZAHLUNG

S. 155 Einfach nur das Auszahlungsformular an die Bank abschicken, reicht nur in den Fällen, in denen es sich um ein Bestandsobjekt handelt und zur Darlehenssi-cherung bereits eine Sicherheit – in der Regel eine Grundschuld – zugunsten der neu finan-zierenden Bank vorhanden ist. Ein Neubau, ein Kauf einer Eigentumswohnung oder eine umfassende Sanierung ist meist an weitere Auflagen gebunden. Wesentliche Unterlagen, um auch rechtzeitig an Ihr Geld zu kommen, sind der Darlehensvertrag und das zugehörige Anschreiben. Hierin sind die Kriterien aufge-führt, die Sie erfüllen müssen.

Voraussetzungen und Unterlagen

Zunächst gibt es einige Unterlagen, die wei-testgehend anlassunabhängig vom Kreditge-ber gefordert werden.

▶ Der notarielle Kaufvertrag: Oftmals ist der Kaufvertrag noch nicht geschlossen, wenn die Darlehensgespräche ausverhandelt sind und der Darlehensvertrag unterschriftsreif auf dem Tisch liegt. Sehr oft geben sich die Ban-ken zunächst mit einem Kaufvertragsentwurf zufrieden. Die Einschätzung der Objektwür-digkeit und die grundbuchliche Situation er-geben sich bereits aus diesem Entwurf. Vor der Auszahlung verlangt die Bank jedoch den notariellen Kaufvertrag. Sie gleicht deren In-halte mit denen des Entwurfs ab. Im Idealfall sind sie deckungsgleich. Zumindest sollten sich keine nennenswerten Abweichungen er-geben.

▶ Rangrichtige Eintragung der Grundschuld: Ist eine Grundschuld als Sicherheit im Kreditver-trag vereinbart, muss sie auch an der ge-wünschten Rangstelle im Grundbuch einge-tragen sein. Ist sie das nicht, zahlt die Bank nicht oder nur kleine Beträge aus. Oftmals ist sie zwar eingetragen, aber eben nicht an der korrekten Rangstelle. Ohne weitere Erklärun-gen des Notars oder anderer Banken wird sie dann nicht als ausreichende Sicherheit ange-sehen. Ausnahmen bestehen, wenn vorrangi-ge Rechte von Höhe und Umfang im Hinblick auf das Darlehensrisiko der Bank unbedeu-tend sind. Unabhängig von der Rangrichtig-keit werden Sie als Kunde über die Eintra-gung einer Grundschuld in Form einer Eintra-gungsmitteilung in Verbindung mit einer ent-sprechenden Rechnung vom Amtsgericht informiert.

▶ Notarrangbestätigung: Die Notarrangbestäti-gung stellt eine Ersatzsicherheit zur rangrich-tigen Grundschuldeintragung dar. Darin teilt der Notar den Banken mit, dass die noch nicht eingetragene Grundschuld unter festge-legten Kriterien rangrichtig eingetragen wird. Er sieht bei der Einreichung der Grundschuld-bestellungsurkunde das Grundbuch ein und kennt dessen Inhalt. Erhält die kreditgebende Bank die Rangbestätigung, wird sie die Krite-rien würdigen, beachten und risikolos auszah-len können. Die Notarrangbestätigung ist immer dann nötig, wenn die Grundschuld nicht rechtzeitig vor der ersten Auszahlung eingetragen wird. Grund dafür können zum Beispiel lange Bearbeitungszeiten der Grundbuchämter sein. Die Notarbestätigung ist immer kostenpflichtig. Der Preis orientiert sich am Gegenstandswert (Grundschuldhöhe).

▶ Wohngebäudeversicherung: Regelmäßig verlangen die Banken den Abschluss einer Gebäudeversicherung gegen die Risiken Feuer, Wasser, Hagel und Sturm. Die Handhabung ist dabei sehr unterschiedlich. Manche Institute lassen sich in Form einer Versicherungspolice oder deren Kopie die Existenz nachweisen. Andere wiederum machen den Abschluss einer solchen Versicherung lediglich im Darlehensvertrag zur Auflage. In beiden Fällen müssen Sie als Kunde aktiv werden und die Versicherung abschließen. Letztlich dient sie Ihrem eigenen finanziellen Schutz. Hinweis: Die genannten versicherten Risiken beinhalten nicht das Überschwemmungsrisiko. Informieren Sie sich deshalb vor dem Kauf oder dem Neubau, ob das Grundstück in einem Überschwemmungsgebiet liegt. Einige Versicherungsgesellschaften schließen nach der Zunahme der Hochwasser in den letzten Jahren derartige Risiken aus; andere haben ihre Prämiengestaltung angepasst und verlangen mancherorts kaum leistbare Prämien.

Auszahlung und Besonderheiten

Zunächst einmal gibt es über alle Kreditgeber hinweg bestimmte Gemeinsamkeiten. Zu jeder Auszahlung gehört stets ein Auszahlungsauftrag, der zu stellen ist – entweder auf einem institutseigenen Vordruck, schriftlich formlos oder vereinzelt über das Onlinebanking. Auch müssen Sie regelmäßig zuerst das im Finanzierungsplan vorgesehene Eigenkapital einsetzen. Danach erst können Sie die Fremdmittel abrufen. Wenn Sie dies berücksichtigen und die nachstehenden investitions-

spezifischen Empfehlungen beachten, sollte reibungslosen Auszahlungen nichts mehr im Wege stehen. Hier sollen die unterschiedlichen Anlässe genauer betrachtet werden.

Kauf eines Grundstücks: Neben den oben beschriebenen Kriterien – außer der Wohngebäudeversicherung – gibt es wenig zu beachten. Wenn möglich, legen Sie die Kaufpreiszahlung bereits im Kaufvertrag auf einen Zeitpunkt, zu dem die Grundschuld voraussichtlich eingetragen sein wird. Auskunft gibt Ihnen der Notar. Die Grundschuld muss bestellt und beim Amtsgericht eingereicht sein. Ist sie noch nicht rangrichtig eingetragen, benötigen Sie eine Notarrangbestätigung.

➡ S. 151 Erwerb eines Neubaus vom Bauträger: Der Bauträger baut das Haus auf seinem eigenen Grund und Boden. In der Regel ist es fertig konzipiert und Ihre Einflussnahme beschränkt sich auf Ausstattungsdetails. Hier erwerben Sie Grundstück und Haus in einem Paket. Der Kaufvertrag – Bauträgervertrag – muss notariell beurkundet werden. Es handelt sich um einen Vertrag nach der Makler- und Bauträgerverordnung (MaBV). Für diese Verträge gibt es spezielle Zahlungspläne. Sie orientieren sich am Baufortschritt und setzen bestimmte fertiggestellte Arbeiten für die Fälligkeit der einzelnen Raten voraus.

Dieser Zahlungsplan stellt jeweils Höchstbeträge dar, die der Bauträger für die jeweiligen Arbeitsschritte in Rechnung stellen darf. Maximal sieben Teilrechnungen dürfen aus den Tätigkeiten der einzelnen Gewerke gestellt werden. Diese Teilrechnungen werden auch im Bauträgervertrag fixiert. Achten Sie darauf, dass die Zusammenfassung von Gewerken im Zahlungsplan dem Baufortschritt entspricht. Achtung: Der Verordnungstext ist anwenderunfreundlich formuliert. Nach Zahlung von 30 % gemäß Nr. 1 wird mit dem Rest der Bausumme (= 70 % der Gesamtkosten) als Ausgangswert (= 100 %) weitergerechnet!

1 30 Prozent der Vertragssumme in den Fällen, in denen Eigentum an einem Grundstück übertragen werden soll, oder 20 Prozent der Vertragssumme in den Fällen, in denen ein Erbbaurecht bestellt oder übertragen werden soll, nach Beginn der Erdarbeiten,

2 von der restlichen Vertragssumme (entsprechend 70 / 80 % der Gesamtsumme)

► 40 vom Hundert nach Rohbaufertigstellung, einschließlich Zimmererarbeiten,

► 8 vom Hundert für die Herstellung der Dachflächen und Dachrinnen,

► 3 vom Hundert für die Rohinstallation der Heizungsanlagen,

► 3 vom Hundert für die Rohinstallation der Sanitäranlagen,

► 3 vom Hundert für die Rohinstallation der Elektroanlagen,

► 10 vom Hundert für den Fenstereinbau, einschließlich der Verglasung,

► 6 vom Hundert für den Innenputz, ausgenommen Beiputzarbeiten,

► 3 vom Hundert für den Estrich,

► 4 vom Hundert für die Fliesenarbeiten im Sanitärbereich,

► 12 vom Hundert nach Bezugsfertigkeit und Zug um Zug gegen Besitzübergabe,

► 3 vom Hundert für die Fassadenarbeiten,

► 5 vom Hundert nach vollständiger Fertigstellung.

Wichtig: Der Bauträger muss gegenüber Verbrauchern eine gesetzliche Sicherheitsleistung in Höhe von 5 Prozent der Gesamtwerksleistung, also inklusive Grundstück, erbringen. Er hat das Wahlrecht, ob er seine Bank mit der Ausstellung einer Bürgschaft beauftragt oder Sie diese Summe im Ganzen mit der 1. Teilzahlung verrechnen dürfen. An eine Verrechnung müssen Sie stets selbst denken.

Beispiel: Es liegt ein Bauträgervertrag vor, bei dem auch das Grundstückseigentum übertragen wird (kein Erbbau).

Die 40 vom Hundert = 40 % der restlichen Vertragssumme (nach Rohbaufertigstellung, einschließlich Zimmererarbeiten) entsprechen 28 % der vereinbarten Gesamtkosten. Ohne viel umrechnen zu müssen, zeigt Ihnen die Checkliste auf Seite 151 sowohl für den Fall des Grundstückerwerbs als auch für den Erbbaurechtsfall die bereits auf die Vertragssumme bezogenen Werte.

In der Praxis wird der Bauträger die Rate nach Nr. 1 und den ersten Teilabschnitt nach Nr. 2 (40 % vom Rest) genauso vereinbaren. Insbesondere in Gegenden, in denen die Baulandpreise vergleichsweise niedrig sind, führt ein solcher Zahlungsplan zu einer preiswerten Liquiditätsbeschaffung des Bauträgers. Mit Fertigstellung des Rohbaus einschließlich der Zimmererarbeiten dürfen 58 % der Vertragssumme in Rechnung gestellt werden. Der bis dahin erreichte Wert der Immobilie liegt dabei allerdings noch deutlich unter dem Rechnungswert.

Dieses Zahlungsszenario sollten Sie berücksichtigen. Insbesondere der unter Nr. 1 beschriebene Beginn der Erdarbeiten mit einer Rechnungstellung von 30 % des Kaufpreises übersteigt bei vielen Darlehensnehmern das angesparte Eigenkapital. Hier erfolgt oftmals bereits der erste Zahlungsabruf bei der Bank. Insofern müssen Sie zu diesem Zeitpunkt sicherstellen, dass dem Kreditgeber die gewünschte Sicherheit vorliegt. Im günstigsten Fall sollten Sie vor dem Abschluss eines Bauträgervertrags wissen, wie lange es dauert, bis die Grundschuld eingetragen ist und die Bank Sicherheit erlangt.

Im Übrigen gleichen Sie die Rechtmäßigkeit einzelner Teilrechnungen mit dem Baufortschritt und der Qualität auf der Baustelle und der Checkliste ab. Dann können Sie guten Gewissens die Auszahlungsaufträge an die Bank richten. Durch den Zahlungsplan wissen Sie, wie viele Teilauszahlungen mindestens erforderlich werden. Vereinbaren Sie mit Ihrer Bank möglichst viele kostenlose Auszahlungsschritte.

Bauen mit dem Generalunternehmer: Das Grundstück gehört Ihnen bereits. Der Generalunternehmer ist also nicht gleichzeitig Grundstücksverkäufer. Im Gegensatz zu einem Erwerb vom Bauträger muss ein Bauvertrag mit einem Generalunternehmer nicht notariell beurkundet werden. Der Abschluss eines schriftlichen Vertrages ist dennoch unentbehrlich. Achten Sie auf eine möglichst detaillierte und kleinteilige Bau- und Leistungsbeschreibung. Nur so können Sie jede Rechnung mit den tatsächlich vor Ort erbrachten Arbeiten vergleichen. Gesetzliche oder verordnete Vorgaben für Maximalbeträge bauabschnittfertiger Leistungen wie bei der MaBV gibt es bei diesem Bauvertrag nicht. Vereinbaren Sie dennoch nur Zahlungen nach Baufortschritt und treten Sie nicht in Vorleistungen (Vorkasse). Bei Nichtbeachtung gehen Sie ein hohes finanzielles Risiko ein und Ihr Kreditgeber zahlt eventuell nicht, weil er den Bauwert und somit seine Sicherheit nicht erreicht sieht.

Bauen in Eigenregie: Ein Bauvorhaben selbst zu koordinieren, stellt die anspruchsvollste Variante für den Bauherrn dar. Oftmals geht ein derartiger Bau mit einem großen Maß an Eigenleistungen einher. Diese führt man entweder selbst aus oder erfährt Unterstützung im Familien- und Freundeskreis. Bereits im Zuge der Darlehensgewährung haben Sie eine Übersicht mit den Leistungen erstellt, die Sie nicht von Fachfirmen ausführen lassen wollen. Abgesehen von den Rechnungen der Fachbetriebe, die gegen Vorlage direkt an diese bezahlt werden, unterscheiden sich die Auszahlungsanforderungen in einigen Punkten.

Die Vielzahl an Einzelrechnungen aus Baumärkten oder vom Baustoffhändler will kein Kreditgeber stückweise begleichen. Vielmehr werden sie vom Bauherren gesammelt und verauslagt. Dennoch benötigt die Bank einen Nachweis über den Baufortschritt. Der kann je nach Bank recht unterschiedlich ausfallen.

- ► Separate Aufstellung und Einreichung der Rechnungen: Die Bank zahlt danach die verauslagte Summe.
- ► Fotodokumentation: Bauabschnittsweise werden Fotos, die den Fortschritt des Bautenstands beschreiben, zusammen mit dem Auszahlungsauftrag der Bank vorgelegt.
- ► Bestätigung des Architekten/Bauingenieurs: Der baubegleitende Architekt verschafft sich regelmäßig Kenntnis über den Baufortschritt und bestätigt diesen gegenüber der Bank.

In der Praxis gibt sich der eine Kreditgeber bereits mit einem der genannten Nachweise zufrieden, andere wollen alle drei Varianten dokumentiert wissen.

 Info   ### Getrenntes Baukonto

Für die Abwicklung vieler kleinteiliger Zahlungen empfehlen wir die Einrichtung eines separaten Baukontos. Haben Sie durch Einsatz von Eigenkapital und Eigenleistungen eine gewisse Vorleistung und einen Bauwert geschaffen, sind die Banken in der Regel bereit, bestimmte Beträge für die nächsten Rechnungen vorzuschießen. Die Auszahlung erfolgt dann direkt auf das Baukonto. Üblich sind Beträge von 5 000–20 000 Euro.

Kauf einer neuen Eigentumswohnung: Wenn Sie nicht gerade von privat eine Eigentumswohnung erwerben, kaufen Sie immer vom Bauträger. Deshalb gibt es hier im Hinblick auf die Auszahlungen dieselben Regeln wie beim Erwerb eines Einfamilienhauses vom Bauträger.

Kauf eines Bestandsobjekts (gilt auch für andere Objekte): Bei dem Erwerb einer Gebrauchtimmobilie wird der Kaufpreis üblicherweise in einer Summe zu einem im Kaufvertrag fest vereinbarten Termin fällig. Auch hier müssen Sie dafür sorgen, dass die Zahlung rechtzeitig beim Verkäufer eingeht. Terminieren Sie Auszahlungsaufträge im Inland so, dass sie von Ihrem Konto drei Werktage vor Fälligkeit ausgeführt werden. Setzen Sie Eigengeld ein, so gilt dieselbe Terminierung auch für diesen Teil des Kaufpreises, den Sie wie Ihre anderen Überweisungen auch begleichen.

Hinweis: Nutzen Sie üblicherweise das Onlinebanking für Ihren Zahlungsverkehr, stellen Sie sicher, dass Ihr maximales Tageslimit für Ihren zu zahlenden Kaufpreisanteil ausreicht. Beantragen Sie ansonsten rechtzeitig ein höheres Limit oder überweisen Sie einmalig am Bankschalter per Beleg.

Umschuldung und Umfinanzierung

Bei einer Umschuldung läuft ein Großteil der Korrespondenz zwischen den beiden Kreditinstituten ab. Sie müssen, wie in allen andern Fällen, dafür sorgen, dass der Auszahlungsauftrag rechtzeitig und vollständig gestellt ist. Oftmals haben Sie jedoch Zusatzaufgaben, die nicht in Vergessenheit geraten sollten.

Darlehenskündigung: Machen Sie von Ihrem Sonderkündigungsrecht nach § 489 BGB Gebrauch (siehe „Darlehenskündigung nach § 489 BGB", Seite 137), denken Sie daran, das Darlehen beim alten Finanzierungsgeber fristgerecht zu kündigen. Ist das Darlehen nicht gekündigt, muss der bisherige Darlehensgeber die Zahlung zu Ablösung nicht annehmen. Als Folge haben Sie dann für mindestens sechs Monate eine Doppelbelastung zu tragen.

Gläubigerbestätigung: Der neue Finanzierer hat Ihnen möglicherweise einen Vordruck „Gläubigerbestätigung" ausgehändigt, den Sie an die alte Bank weiterreichen sollen. Darauf bestätigt der bisherige Gläubiger den exakten Ablösebetrag zum Ablösezeitpunkt und welche Rechte (Grundschulden) er gegen Zahlung an die neue Bank abtritt. Teilweise wird diese Aufgabe auch direkt von der neuen Bank übernommen. Wenn das Ihre Aufgabe ist, bitten Sie in jedem Fall um Rücksendung zu Ihren Händen. Nur so können Sie überwachen, dass die Bestätigung auch ausgefüllt wurde. Wundern Sie sich nicht, wenn diese Bestätigung auf einem Vordruck der abzulösenden Bank abgegeben wird. Kreditinstitute halten regelmäßig nur ihre eigenen Formulare für hinreichend justiziabel überprüft. Der neue Gläubiger akzeptiert diese Bestätigung dann im Regelfall trotzdem.

Auszahlungen bei KfW-Darlehen

Die Auszahlungsvoraussetzungen der verschiedenen KfW-Programme sind vielfältig. Sie sind den gesonderten Bedingungen und Darlehensverträgen zu entnehmen. An dieser Stelle soll nur das Zeitfenster betrachtet werden. Die Bank, die für Sie die KfW-Darlehensverträge bearbeitet und abgewickelt hat, ist für Sie durchleitendes Institut. Sie stellen alle an die KfW gerichteten Aufträge nicht an die KfW selbst, sondern über die durchleitende Bank.

Diesen zusätzlichen Zwischenschritt sollten Sie unbedingt beim Zahlungsabruf für die anstehenden Rechnungen einplanen. Üblicherweise teilt Ihnen das durchleitende Kreditinstitut mit, bis wann Sie einen Auszahlungsauftrag für die KfW einreichen müssen, zum Beispiel sieben bis zehn Werktage vor dem gewünschten Auszahlungstermin.

Was noch zu tun bleibt

Die Vertragsunterlagen sind sehr umfangreich, all die rechtlichen und finanztechnischen Begrifflichkeiten können einen zunächst einmal „erschlagen". Prüfen Sie bitte dennoch sehr sorgfältig die genannten Kriterien und gleichen Sie diese mit dem Angebot ab. Legen Sie dabei nach Vertragsschluss die Unterlagen nicht zu schnell zur Seite. Aus den

Augen bedeutet oftmals eben auch aus dem Sinn. Achten Sie vielmehr sehr sorgfältig darauf, welche Auflagen bis zur Auszahlung noch zu erfüllen sind, und notieren Sie wichtige Daten und Termine mit entsprechenden Vorlaufzeiten in Ihrem Kalender. Planen Sie auch immer eine Trägheit in den Kreditabteilungen der Kreditinstitute ein. Wenn Sie so strukturiert handeln, gehen Sie bösen Überraschungen aus dem Weg.

STEUERN RUND UM DIE IMMOBILIE

Neben dem Erwerb von Grundstücken und Immobilien löst auch das bloße Vorhandensein, also das Eigentum an Immobilien, einen steuerlichen Vorgang aus. Zu unterscheiden sind hierbei einmalige Steuern und laufend wiederkehrende. Sie spielen deshalb bei der Aufstellung des Finanzierungsplans und künftig für die monatlichen Belastungen eine wichtige Rolle.

Darüber hinaus kommt es bei den steuerlichen Auswirkungen stark darauf an, wie bzw. von wem das Objekt genutzt wird. Bei vermieteten Immobilien sind die steuerlichen Gestaltungsmöglichkeiten und Auswirkungen im Regelfall umfassender als beim selbstgenutzten Wohneigentum.

DIE GRUNDERWERBSTEUER

S. 159 Der hoheitliche Akt, aus dem sich die Grunderwerbsteuer begrifflich ableitet, ist irreführend. Man könnte vermuten, dass es sich dabei um eine Steuer handelt, die ausschließlich beim Erwerb von Grund und Boden anfällt. Neben dem eigentlichen Grunderwerb ist die Grunderwerbsteuer aber auch dann fällig, wenn es sich um den Erwerb eines Erbpachtgrundstücks, den Erwerb eines bebauten Grundstücks oder eines bebauten Erbpachtgrundstücks handelt.

Die Grunderwerbsteuersätze der Bundesländer (Stand 2017)

Die Grunderwerbsteuer wird mittlerweile länderspezifisch festgelegt. Früher galten bundesweit einheitliche Grunderwerbsteuersätze von zunächst 2 %, später 3,5 % vom Kaufpreis. Heute reicht die Spanne von 3,50 % bis 6,50 % vom Kaufpreis.

Beim Erwerb eines unbebauten Grundstücks in Thüringen zum Kaufpreis von 70 000 Euro ergibt sich zum Beispiel: Die Grunderwerbsteuer beträgt 70 000 Euro x 3,5 % = 2 450 Euro.

Beim Erwerb eines Einfamilienhauses in Frankfurt/Main zum Kaufpreis von 850 000 Euro fällt folgende Grunderwerbsteuer an: In Hessen beträgt die Grunderwerbsteuer 850 000 Euro x 6,0 % = 51 000 Euro.

Berechnungsbasis ist in beiden Fällen der Kaufpreis, der sich hier aus Boden- und Gebäudewert zusammensetzt.

Eine Besonderheit: das Erbbaurecht

Warum ist nun aber für ein gepachtetes Grundstück, das im Eigentum eines Dritten steht, Grunderwerbsteuer zu entrichten?

Laut dem Bürgerlichen Gesetzbuch (BGB) ist das Erbbaurecht ein sogenanntes grundstückgleiches Recht, auf das auch das für Grundstücke geltende Grundstücksrecht anzuwenden ist. Die Bemessungsbasis für die Grunderwerbsteuer orientiert sich jedoch im Gegensatz zum Grundstückskauf nicht ausschließlich an einem Kaufpreis, sondern auch an der jährlichen Erbpacht in Abhängigkeit von der Restlaufzeit des Erbbaurechtsvertrags. Als Grundlage dient eine sogenannte Vervielfältigertabelle (Anlage 9a) aus dem Bewertungsgesetz (BewG).

Bei Abschluss eines Erbbaurechtsvertrags über ein Grundstück zwischen Erbbaurechtsherausgeber (Eigentümer des Grundstücks) und Erbbauberechtigten sieht das so aus: Das Grundstück kann mit einem Einfamilienhaus bebaut werden und befindet sich in Niedersachsen. Der Wert des jährlichen Erbbauzinses liegt bei 5 500 Euro. Die Laufzeit des Erbbaurechts beträgt 99 Jahre.

Bei einer Laufzeit bzw. Restlaufzeit von 99 Jahren beträgt der Multiplikator 18,589.

Jährlicher Erbbauzins 5 500 Euro x 18,589 = 102 239,50 Euro. Dieser Wert stellt die Berechnungsbasis für die Grunderwerbsteuer dar und ist vergleichbar mit dem Grundstückswert.

Die Grunderwerbsteuer beträgt damit 102 239,50 Euro x 5,0 % = 5 111,98 Euro.

Noch ein Beispiel: Beim Erwerb einer Eigentumswohnung in Hamburg im Jahr 2017 beträgt der Kaufpreis 500 000 Euro. Das Gebäude liegt auf einem Erbpachtgrundstück. Der Erbbaurechtsvertrag wurde 1997 über ei-

Vervielfältigertabelle gemäß Bewertungsgesetz Anlage 9 a

Laufzeit in Jahren hier: Restlaufzeit des Erbbaurechts	Kapitalwert hier: Multiplikator für jährlichen Erbbauzins
1	0,974
2	1,897
3	2,772
4	3,602
5	4,388
41	16,602
42	16,710
43	16,813
44	16,910
45	17,003
76	18,362
77	18,379
78	18,395
79	18,410
80	18,424
97	18,578
98	18,583
99	18,589
100	18,593
101	18,598
mehr als 101	18,600

ne Laufzeit von 99 Jahren geschlossen. Die Wohnung wurde 1999 fertiggestellt. Der jährliche Erbbauzins beträgt 2 700 Euro für diese Wohnung.

Zusätzlich zum Kaufpreis von 500 000 Euro ist auch noch der Wert des Erbbauzinses zu kapitalisieren. Der Fertigstellungszeitpunkt der Wohnung ist bedeutungslos. Das Erbbaurecht wurde 1997 begründet und läuft bis 2086. Ausgehend vom Kaufzeitpunkt beträgt die Dauer des Erbbaurechts noch 79 Jahre. Der Multiplikator beträgt daher 18,410. Daraus folgt:

Grunderwerbsteuer bei Erbpacht

Jährlicher Erbbauzins

2 700 Euro x 18,410 = 49 707 Euro

zuzüglich Kaufpreis: 500 000 Euro

Bemessungswert Grunderwerbsteuer

549 707 Euro

Die Grunderwerbsteuer beträgt

549 707 Euro x 4,5 % = 24 736,82 Euro

Die Grundsteuer

Im Gegensatz zur Grunderwerbsteuer, die ausschließlich im Veräußerungsfall zu zahlen ist, handelt es sich bei der Grundsteuer um eine Dauersteuer. Sie ist regelmäßig wiederkehrend und wird als Substanzsteuer bezeichnet. Fällig ist sie ausschließlich für die Existenz von Grundstücken und Gebäuden. In Deutschland unterscheidet man in Grundsteuer A für agrarwirtschaftlich genutzte Flächen und in Grundsteuer B für baulich nutzbare bzw. genutzte Flächen.

Eine detaillierte Planung im Rahmen eines Finanzierungsplans für die Belastung aus der Grundsteuer vorzunehmen, gelingt zutreffend nur, wenn Sie eine Bestandsimmobilie erwerben – vorausgesetzt, der Verkäufer gewährt Ihnen Einblick in diese Unterlagen. Für alle anderen Fälle gilt: Den genauen Berechnungsweg darzustellen, sprengt den Rahmen dieses Kapitels. Deshalb soll an dieser Stelle ein Überblick genügen. Hierzu werden einige Fachbegriffe erklärt.

Einheitswertbescheid

Im Zuge der Festlegung der Grundsteuer ist der Einheitswertbescheid der Grundlagenbescheid (= Basisbescheid). Wenn Sie neu bauen oder eine neue Eigentumswohnung kaufen, wird Sie das Finanzamt oder die Kommune mit einem Fragebogen kontaktieren, in dem Sie über Größe, bauliche Art und Ausstattung des Gebäudes und der Nebenanlagen wie Stellplätze, Carport, Garagen u. ä. Auskunft erteilen müssen. Mit diesen Informationen, der Lage und der Grundstücksgröße setzt das für Sie zuständige Finanzamt den Einheitswert fest. Dieser Wert gleicht einem Anachronismus. Er setzt sich zunächst rechnerisch noch aus D-Mark-Werten aus dem vergangenen Jahrhundert zusammen, die am Ende umgerechnet in einen auf Euro basierenden Einheitswert münden. Dieser Wert ist nicht mit einem aktuellen Verkehrswert vergleichbar. Liegt der Einheitswert zum Beispiel bei 50 000 Euro, kann der heutige Wert durchaus 500 000 Euro betragen.

Grundsteuermesszahl

Die Grundsteuermesszahl ist eine Promilleangabe. Sie beinhaltet in den alten Bundesländern je nach Nutzung 2,6‰–6,0‰ für vier Grundstücks- bzw. Gebäudetypen (inkl. Agrarland). In den neuen Bundesländern ist die Bemessung erheblich komplexer und unterscheidet neben Einheitswertgrenzen nach Alt- und Neubauten sowie nach Größen der Städte und Kommunen. Altbauten sind in diesem Kontext Gebäude, die vor dem 31.03.1924 bezugsfertig waren. Die Basis für die Größengliederungen der Städte und Gemeinden ist die Volkszählung vom 16. Juni 1933.

Grundsteuermessbetrag

Aus der Multiplikation des Einheitswerts mit der Grundsteuermesszahl ergibt sich der Grundsteuermessbetrag:

Beispiel:

Einheitswert einer Eigentumswohnung in Rosenheim (Bayern) ist 40 000 Euro.

40 000 Euro x 3,5‰ (Grundsteuermesszahl)

Grundsteuermessbetrag	**= 140 Euro**

Der Grundsteuermessbetrag wird, wie der Einheitswert auch, vom Finanzamt am Wohnort des Steuerpflichtigen ermittelt. Auch der daraus resultierende Grundsteuermessbescheid ist wie der Einheitswertbescheid ein Grundlagenbescheid des Finanzamts. Beide gehen dem Steuerpflichtigen separat zu.

Grundsteuerhebesatz

Den Hebesatz legt jede Gemeinde oder Stadt individuell fest. Mit den Grundsteuerhebesätzen und der daraus resultierenden Grundsteuer beeinflussen die Kommunen neben der Gewerbesteuer maßgeblich ihren Finanzhaushalt. In Deutschland schwankten 2015 die Hebesätze zwischen 0 % – es fällt keine Grundsteuer an – und über 1 000 %. Grundsätzlich gibt es keine belastbaren Regeln, warum die Hebesätze in der einen Gemeinde niedrig und in einer anderen sehr hoch ausfallen. In kleineren Gemeinden, die eher ländlich geprägt sind, fallen die Hebesätze tendenziell niedriger aus. Hohe Hebesätze würden dort dazu führen, dass sie den Zuzug von Neubürgern erschweren oder verhindern. Die wirtschaftliche Kraft der jeweiligen Regionen reflektiert jedoch sehr stark auf die Hebesätze. Unter den kreisfreien Städten mit den niedrigsten Hebesätzen in Deutschland liegen die ersten zehn Plätze ausnahmslos in Bayern. Umgekehrt sieht die Lage bei den höchsten Hebesätzen aus: Nur zwei kreisfreie Städte (Berlin und Leipzig) liegen nicht in Nordrhein-Westfalen. In den letzten Jahren sind die Hebesätze förmlich explodiert.

Auch wenn dieses Kriterium nicht allein ausschlaggebend dafür ist, sollten Sie die Grundsteuern in Ihre Entscheidungsfindung für eine Investition einfließen lassen. Einen Schutz vor dieser Willkür gibt es jedoch nicht. Die Anhebungen werden ausschließlich in kommunaler Selbstverwaltung getroffen. Ein Prozentsatz, um den jeweils erhöht werden darf, ist nicht geregelt.

Berechnung der Grundsteuer

Aus dem Grundsteuermessbetrag und dem jeweiligen Hebesatz ergibt sich die Höhe der jährlichen Grundsteuer. Diese wird regelmäßig viermal im Jahr erhoben und sollte in den monatlichen Kapitaldienst einbezogen werden. Zur Veranschaulichung greifen wir das Beispiel der Eigentumswohnung in Rosenheim von Seite 82 auf.

Beispiel ETW in Rosenheim:

Der Grundsteuerhebesatz für die Grundsteuer B beträgt 480 %.

140 Euro (Grundsteuermessbetrag) x 480 % (Hebesatz 2017)

Grundsteuer pro Jahr	**= 672 Euro**

Zum Vergleich: Bei identischem Grundsteuermessbetrag zahlt der Wohnungseigentümer in Duisburg bei einem Hebesatz von 855 % eine Grundsteuer von 1 197 Euro im Jahr.

Mit Immobilien Steuern sparen

Lassen sich nach dem notwendigen Übel von Grunderwerb- und Grundsteuer auf der Ausgabenseite auch noch Steuern mit dem Eigentum an einer Immobilie sparen? Es kommt darauf an – vor allem darauf, wie bzw. von wem die Immobilie genutzt wird. Kurz: Eigentümer vermieteten Wohnraums können Steuervorteile nutzen, Selbstnutzer eher nicht. Aber auch hier gilt: Keine Regel ohne Ausnahme. Absetzung für Abnutzung – AfA genannt – heißt der Fachbegriff, der zu einer Steuerersparnis führt.

Selbstgenutztes Wohneigentum

Für die Anschaffung einer selbstgenutzten Immobilie ist in Deutschland keine steuerliche Förderung in Form von AfA möglich. Das gilt unabhängig von Neubauten, Altbauten, Denkmalschutzobjekten u. ä. Handelt es sich um ein Objekt, das unter Denkmalschutz steht oder in einem von der Kommune ausgewiesenem Sanierungsgebiet liegt, sind jedoch 10 Jahre lang 9 % der Kosten von Sanierungsmaßnahmen steuerlich abzugsfähig.

Wichtig: Die Bau-/Sanierungsmaßnahme darf nicht bereits vor dem Kauf begonnen haben. Weiterhin muss es einen eng mit der Denkmalschutz- oder Sanierungsbehörde abgestimmten Maßnahmenkatalog über die Sanierungsschritte und eine denkmalrechtliche Genehmigung geben! Die Arbeiten müssen der Erhaltung und der sinnvollen Nutzung dienen. Neue Gebäudeteile oder Garagen fallen nicht unter die Förderung.

Zwei Beispiele sollen die unterschiedlichen steuerlichen Auswirkungen aufzeigen, die entstehen, wenn vergleichbare und unter Denkmalschutz stehende Altstadthäuser zum Kauf angeboten werden. Die Eigentümer sind jeweils verheiratet und verfügen vor diesem Erwerb über ein zu versteuerndes Einkommen von 75 000 Euro. Berechnungsbasis ist die für Eheleute gültige Splittingtabelle 2017 unter Berücksichtigung von Solidaritätszuschlag und Kirchensteuer.

Beispiel 1: Kauf eines vor 10 Jahren fertig sanierten Altstadthauses in Lüneburg, Preis 600 000 Euro.

Zu versteuerndes Einkommen ist 75 000 Euro, Steuerbelastung 18 063 Euro.

Keine steuerliche Auswirkung bei Selbstnutzung, weil die Baumaßnahme bereits abgeschlossen ist.

Beispiel 2: Kauf des unsanierten Nachbarhauses, Preis 200 000, vollständige Sanierung des Objekts im Erwerbsjahr mit Kosten über 400 000 Euro.

Der Kaufpreis von 200 000 wirkt sich steuerlich nicht aus. Die Sanierungskosten über 400 000 Euro ermöglichen jedoch erhebliche Steuervorteile. Der Eigentümer kann im Jahr 1–10 ab Kaufdatum jährlich 9 % von 400 000 Euro steuerlich absetzen. Das sind über den

Immobilienkauf mit Denkmalschutz

Wer eine besondere Affinität zu Altbauten hat und überlegt, eine unter Denkmalschutz stehende Immobilie oder ein Objekt im Sanierungsgebiet zu erwerben, sollte ein derartiges Angebot ernsthaft prüfen. Man darf jedoch, wenn man solch ein unsaniertes Objekt kauft, nicht allzu zart besaitet sein. Überraschungen lauern immer und überall, und selten geht eine Sanierung ohne neuerliche Komplikationen wie geplant über die Bühne. Gerade aber in Gemeinden, die sich dem Denkmalschutz und/oder den Sanierungsgebieten verschrieben haben, sind die Expertisen und Hilfestellungen in den Verwaltungen oft ebenso groß wie das Wissen von Planern und ausführenden Betrieben. Das Einsparpotenzial ist dabei – wie hier anschaulich dargestellt – beträchtlich.

Abschreibungszeitraum von 10 Jahren immerhin 90 % oder 360 000 Euro. Wie wirkt sich dieser Vorteil nun konkret bei der Einkommensteuer aus?

Beispiel: Einkommensteuern sparen

Zu versteuerndes Einkommen bisher:	75 000 Euro
Abzüglich AfA 400 000 Euro x 9 % =	36 000 Euro
Zu versteuerndes Einkommen neu =	39 000 Euro
Steuerbelastung neu:	5 464 Euro
Der steuerliche Vorteil beträgt:	
Steuer bisher 18 063 Euro – Steuer neu 5 464 Euro	
	= 12 599 Euro im Jahr

Das macht über zehn Jahre bei sonst konstanten Einkommens- und Steuerverhältnissen einen Steuervorteil von 125 990 Euro.

Anders ausgedrückt, zahlt das Ehepaar faktisch 125 990 Euro weniger für sein Haus als die Nachbarn, nämlich 474 010 Euro. Man könnte auch sagen, dass das Ehepaar zehn Jahre lang sein monatliches Nettoeinkommen um 1 050 Euro erhöht.

Vermietetes Wohneigentum

Das vermietete Wohneigentum zählt zu den wichtigsten Bausteinen der persönlichen Altersversorgung. Rechtzeitig investiert und bis zum Rentenbeginn abgezahlt, kann eine vermietete Immobilie die Differenz im Nettoeinkommen nach dem Berufsausstieg deutlich kompensieren. Steuerlich gibt es einige Dinge zu beachten. Neben der Miete als Einnahme gibt es die Werbungskosten, die steuerlich von der Miete abgezogen werden können und die im Ergebnis zu den Einkünften aus Vermietung und Verpachtung führen. Ein Teil der Werbungskosten ist im Jahr der Entstehung voll abzugsfähig, die AfA verteilt sich über die Jahre der ihr im Steuerrecht zugedachten Nutzbarkeit. Beispiele zur Herleitung der AfA finden Sie in der Rubrik „Gebäudewert für die Abschreibung ermitteln" (siehe Seite 85).

Ihre Mieteinnahmen sind stets zu versteuern. Ausnahmen gibt es leider keine. Es ist vollkommen unbedeutend, ob das Objekt ein Baudenkmal ist oder in einem Sanierungsgebiet liegt. Neue Bundesländer, alte Bundesländer, Alter oder Zustand spielen keine Rolle. Letztlich ist die Nettokaltmiete zu versteuern.

Die Angaben zum jeweiligen Objekt werden im Rahmen der Einkommensteuererklärung in der Anlage V+V (Vermietung und Verpachtung) erfasst. Die steuerlich wichtigsten abzugsfähigen Werbungskosten setzen sich zusammen aus sofort abzugsfähigen:

▶ Finanzierungskosten (Schuldzinsen),
▶ Renovierungs- und Instandhaltungskosten (Achtung: Dazu die Rubrik „Gut zu wissen" am Ende des Kapitels lesen),
▶ nicht auf den Mieter umlagefähige Nebenkosten (zum Beispiel Beiträge zu Haus- und Grundeigentümervereinen, Kosten der Grundstücksverwaltung, Kauf von Wasser- oder Wärmemengenzähler),

und aus über einen Nutzungszeitraum abzugsfähigen Werbungskosten:

▶ z. B. AfA zum Gebäudewert, AfA bei Investition in eine Einbauküche.

Gebäudewert für die Abschreibung ermitteln

Planen Sie den Kauf eines Hauses oder einer Wohnung zum Zweck der Vermietung, so ist die Möglichkeit der steuerlichen AfA stets gegeben. Der Prozentsatz für die Abschreibung unterscheidet sich nach Alter des Gebäudes. Bundesweit gelten folgende Abschreibungsregeln:

Fertigstellung	AfA-Satz	AfA-Dauer	AfA-Höhe
Vor 1925	2,5 %	**40 Jahre**	2,5 % x 40 Jahre = 100 %
Ab 1925	2,0 %	**50 Jahre**	2,0 % x 50 Jahre = 100 %

Die AfA bezieht sich aber immer nur auf den Gebäude-, nicht aber den Grundstückswert. Deshalb muss der Grundstückswert vom Kaufpreis separiert werden. Der dann übrig gebliebene Wert ist der Gebäudewert, der abgeschrieben wird.

Beispiel 1: Kauf eines Zweifamilienhauses, Baujahr 1985, Kaufpreis 400 000 Euro, Grundstückswert 120 Euro/qm, Grundstücksgröße 740 qm. Mit diesen Eckdaten können Sie leicht selbst den Gebäudewert ermitteln:

Gebäudewert und AfA für Zweifamilienhaus:

Kaufpreis	400 000 Euro
Abzüglich Bodenwert 740 qm x 120 Euro	−88 800 Euro
Gebäudewert = Wert für die AfA-Basis	= 311 200 Euro
311 200 Euro (Gebäudewert) x 2 % (AfA-Satz) =	
Die jährliche AfA beträgt:	**6 224 Euro**

Nicht in jedem Fall ist der soeben beschriebene Weg steuerlich sinnvoll. Es gibt Konstellationen, die einen anderen und komplexen Rechenweg erfordern.

Beispiel 2: Kauf eines Mehrfamilienhauses mit Baujahr 1910, 6 Wohneinheiten und eine kleine Gewerbeeinheit. Der Kaufpreis betrug 240 000 Euro. Das Grundstück ist 1 572 qm groß, und der Bodenrichtwert war im Erwerbsjahr 2011 mit 110 Euro/qm angegeben. Das Objekt war bis auf eine leerstehende Einheit vermietet, insgesamt jedoch renovierungsbedürftig. Die Nettokaltmieten betrugen damals unter Einbeziehung einer fiktiven Miete für den Leerstand 31 000 Euro.

Gebäudewert Mehrfamilienhaus berechnen:

Kaufpreis	240 000 Euro
Abzüglich Bodenwert (1 572 qm x 110 Euro)	−172 920 Euro
Gebäudewert (Wert für die AfA-Basis)	**= 67 080 Euro**

Hier ist bereits zu erkennen, dass der Gebäudewert als AfA-Basis bezogen auf den Kaufpreis mit etwa 27 Prozent sehr gering ist. Die im Vergleich zum Kaufpreis sehr guten Mieteinnahmen spielen bei dieser Berechnungsmethode keine Rolle.

Die jährliche AfA beträgt dann:

67 080 Euro (Gebäudewert) x 2,5 % (AfA-Satz)	**= 1 677 Euro**

Unser Tipp: Ergibt sich eine derart geringe Abschreibungshöhe, sprechen Sie Ihren (einen) Steuerberater an. Dieser ermittelt unter Berücksichtigung der Mieteinnahmen einen Ertragswert für die Immobilie.

Hieraus lässt sich wiederum ein Gebäudeertragswert ableiten. Ist der ermittelte Ertragswert höher als der Kaufpreis, ist immer auch der Gebäudeertragswert in Relation zum Bodenwert höher (im genannten Beispiel höher als 27 Prozent). Dieses neue Verhältnis, bezogen auf den tatsächlichen Kaufpreis, erhöht die Abschreibungsbasis = Gebäudewert. Von dieser Rechnung müssen Sie jetzt nur noch Ihr Finanzamt überzeugen.

Selbstgenutztes mit vermietetem Wohneigentum

Für einige Immobilienkäufer erscheint es interessant, einen Teil Ihres Hauses selbst zu bewohnen und den anderen zu vermieten. Im Zuge ständig steigender Bau- und Bodenpreise ist die Schaffung einer zusätzlichen Wohnung im eigenen Haus für viele auch der einzig bezahlbare Weg, Wohneigentum zu schaffen. Für den selbstgenutzten Teil gibt es bis auf das Denkmalschutzobjekt und Häuser in einem ausgewiesenen Sanierungsgebiet keine steuerliche Förderung.

Zielsetzung ist es deshalb, die steuerlichen Vorteile möglichst auf die vermietete Wohneinheit zu verlagern. Das funktioniert natürlich nicht nach Gutdünken, sondern folgt steuerlich anerkannten Regeln.

Das vorhandene Eigenkapital sollte man möglichst für den selbstgenutzten Teil einsetzen. Dementsprechend wird kein bis wenig Eigengeld in die Finanzierung der fremdgenutzten Wohneinheit eingebracht. Die Schuldzinsen aus dem/den dafür vorgesehenen Darlehen sind voll als Werbungskosten von den Mieteinnahmen abzugsfähig.

Besonderheiten beim Kauf einer Gebrauchtimmobilie: Handelt es sich klassisch um ein Zweifamilienhaus oder ein Einfamilienhaus mit Einliegerwohnung, gibt es grundbuchmäßig zwei Optionen:

► a) Beide Einheiten sind zusammengefasst und stehen in einem Grundbuch.
► b) Die Einheiten sind separiert und es existieren zwei getrennte Grundbücher.

Der Fall b) ist als steuerlich vorteilhafter anzusehen. Bei von vornherein getrennten Grundbüchern werden zwei Kaufverträge geschlossen. Damit ist die Steuerung recht leicht, vorhandenes Eigengeld möglichst ausschließlich für den selbstgenutzten Teil vorzusehen und hier wenig Fremdkapital aufzunehmen. Auch können Renovierungskosten, die zu weiterem Finanzierungsaufwand führen, viel leichter der jeweiligen Einheit zugeordnet werden.

Im Fall a) lautet die Empfehlung, ebenfalls eine Aufteilung in separates Wohneigentum vorzunehmen. Diese ist zwar mit zusätzlichen Notar- und Grundbuchkosten verbunden, erspart aber später viele Diskussionen mit dem Finanzamt, da durch die getrennten Darlehensverträge der Verwendungszweck – welches Darlehen dient welcher Wohneinheit? – eindeutig bestimmbar ist.

Wollen Sie diesen zusätzlichen Aufwand nicht treiben, wird der Kaufpreis und damit auch die Basis künftiger Abschreibungen entsprechend den Wohnungsgrößen aufgeteilt. **Besonderheiten bei Neubauvorhaben:** Beim Neubau genießen Sie den Vorteil, selbst entscheiden zu können, ob Sie es bei einem Grundbuch belassen oder die Immobilie in zwei Grundbücher teilen. Auch hier lautet die Empfehlung ganz eindeutig: Zwei Grundbücher sind ratsam.

Anders als im Altbau kann man beim Neubau eines Gebäudes viele Kosten direkt der jeweiligen Wohneinheit zuordnen. Vereinbaren Sie mit Ihren am Bau beteiligten Handwerksfirmen immer dort, wo es möglich ist, eine Aufteilung der Rechnungen nach selbstgenutztem und künftig fremdgenutztem Teil.

Die Philosophie dahinter: Egal ob Sie sich für eine grundbuchmäßige Trennung entscheiden oder nicht: Das Finanzierungsinstitut betrachtet Ihr Objekt zunächst einmal als wertmäßige Einheit. Wenn Sie zwei Wohnungen errichten und ausstatten, berührt das die Gesamtkosten und die Summe der Finanzierungen nicht. Es kommt also einzig und allein auf die Höhe und Zuordnung des Eigenkapitals und der Finanzierung an, um steuerlich zu profitieren.

Beispiel: Bau eines Zweifamilienhauses, zwei identische Wohnungen zu je 100 qm, für Fremdfinanzierung gebundener Sollzins 2,0 % p. a., Grundstückskosten 280 000 Euro, Baukosten 380 000 Euro, Baunebenkosten 20 000 Euro, Eigenkapital – 150 000 Euro.

Das ergibt einen Fremdfinanzierungsbedarf in Höhe von 530 000 Euro.

Die Gesamtkosten (Grundstück, Baukosten, Baunebenkosten) betragen 680 000 Euro. Die Baukosten inklusive Baunebenkosten liegen bei 400 000 Euro, entsprechend 200 000 Euro je Wohneinheit. Das ist auch der Ausgangswert für die AfA bei der vermieteten Einheit, unabhängig davon, wie das Eigen- bzw. Fremdkapital zugeordnet wird.

Fall A: Der Fremdfinanzierungsbedarf wird gleichmäßig auf die Wohneinheiten aufgeteilt.

Darlehen für selbstgenutzte Einheit:
265 000 Euro, keine steuerliche Auswirkung
Darlehen für vermietete Einheit: 265 000 Euro
Abzugsfähige Schuldzinsen/Jahr:
265 000 Euro x 2,0 % (geb. Sollzins)
= 5 300 Euro

Fall B: Die Gesamtkosten je Wohneinheit betragen 680 000 Euro : 2 = 340 000 Euro. Das Eigenkapital soll ausschließlich beim selbstgenutzten Objekt investiert werden.

Darlehen für selbstgenutzte Einheit:	
340 000 Euro Gesamtkosten	
− 150 000 Euro Eigenkapital	= 190 000 Euro
Darlehen für vermietete Einheit:	
in Höhe der anteiligen Gesamtkosten: 340 000 Euro	
Abzugsfähige Schuldzinsen/Jahr:	
340 000 Euro x 2,0 % (geb. Sollzins)	
	= 6 800 Euro

Ergebnis: Nur allein durch eine steueroptimierte Zuordnung von Eigenkapital und Fremdkapital sind pro Jahr 1 500 Euro Zinsen zusätzlich als Werbungskosten abzugsfähig. Schließen Sie dazu zwei Darlehensverträge mit Ihrer Bank ab: das geringere Darlehen für den selbstgenutzten Teil, dem das Eigenkapital zugeordnet ist, und das höhere Darlehen für den vermieteten Teil. So erhalten Sie auch von vornherein getrennte jährliche Zinsbescheinigungen, die eine eindeutige Zuordnung der Werbungskosten zu den jeweiligen Nutzungseinheiten ermöglichen. Die Sicherung des Kreditinstituts ist davon nicht betroffen. Sie sichert auf beiden Objekten ihr Gesamtdarlehensrisiko ab.

 Info **Sondertilgungen leichter**

Darüber hinaus können Sie bei dieser Konstellation die Möglichkeit von Sondertilgungsoptionen gezielt vornehmen. Wählen Sie eine Bank, die eine möglichst geringe vertragliche Mindesttilgung verlangt. Das ist in dieser Konstellation immer dann sinnvoll, wenn Sie diese Option für die vermietete Einheit nutzen können.

Wollen Sie eigentlich auch dieses Darlehen mit 2 % tilgen, versuchen Sie, diese auf 1 % herunterzusetzen. Genau diese ersparte Differenz investieren Sie zusätzlich als Tilgung für das Darlehen der selbstgenutzten vier Wände. Damit sinken bei gleichbleibender Rate für das Gesamtpaket die steuerlich abzugsfähigen Zinsen für den steuerlich relevanten Teil langsamer.

 S. 157 **Steuerliche Auswirkung von Immobilien**

▶ **Zu 1) Anschaffungskosten:**
Sinnvoll ist es, bereits im Kaufvertrag den Bodenpreis und den Gebäudewert getrennt auszuweisen. Die anteilig auf den Gebäudewert anfallende Grunderwerbsteuer erhöht die Anschaffungskosten.
Sanierungs-/Renovierungskosten innerhalb der ersten 3 Jahre ab Anschaffung werden, nachdem sie entstanden sind, den Anschaffungs-/Herstellungskosten hinzugerechnet (gilt nicht für Baudenkmal bzw. Objekt im Sanierungsgebiet, s. u.)

▶ **Zu 3) Küchen:**
Die Abschreibung (AfA) für Küchen – speziell Einbauküchen – wird in der Rechtsprechung höchst unterschied-

lich bewertet. Hierzu holen Sie am besten steuerfachkundigen Rat ein. Hier können Sie pauschal zur Groborientierung eine neue Küche für 10 Jahre als AfA-Dauer ansetzen (Abschreibungsbasis = Kaufpreis)

▶ **Zu 4) Ergebnis:**
Das Ergebnis ist ohne Betrachtung ggf. schon vorhandener Freibeträge Ihr zu versteuerndes Einkommen. Ein positives Ergebnis addieren Sie zu Ihren anderen Einkünften, ein negatives ziehen Sie ab.

Gut zu wissen

Um den Erhaltungsaufwand zu bestimmen, sollte man sich grob am Begriff der Substanzerhaltung, zum Beispiel Renovierung, orientieren. Der Vermieter kann Erhaltungsaufwendungen im Jahr der Anschaffung vollständig absetzen. Bei sehr hohen Aufwendungen können diese auch gleichmäßig auf zwei bis fünf Jahre linear verteilt werden.

Demgegenüber stehen Maßnahmen der Substanzvermehrung oder Arbeiten, die zu wesentlichen Verbesserungen führen. Beide letztgenannten sind den Herstellungskosten zuzuordnen und werden linear abgeschrieben. Beispiele: Erneuerung der Elektroinstallation, Dachsanierung bzw. Neueindeckung, Fensteraustausch, Badsanierung, Anstrich etc. Bei den anschaffungsnahen Herstellungskosten lauert eine kleine Falle. Es gilt, die Erhaltungsaufwendungen von anschaffungsnahen Herstellungskosten zu unterscheiden. Wenn Sie der Auffassung sind, dass es sich um Erhaltungsaufwendungen handelt, die Sie vornehmen möchten, um die soeben erworbene Wohnung wieder auf Vordermann zu bringen, muss das Finanzamt das noch lange nicht so sehen. Beträgt das Investment innerhalb der ersten drei Jahre ab Erwerb mehr als 15 % des angeschafften Gebäudewerts, spricht das Finanzamt nicht mehr von Erhaltungsaufwand, sondern von anschaffungsnahen Herstellungskosten. Diese werden dann zusammen mit dem Gebäudewert abgeschrieben und sind nicht sofort abzugsfähig. Maßgeblich ist immer die Summe der Nettobeträge aller Rechnungen.

Zu guter Letzt

Das Thema Steuern und Immobilie ist umfangreich und komplex. Dieses Grundsätzliche vor einer Investition einfach nur lesen, verschafft Ihnen schon einen Wissensvorteil und trägt vielleicht auch zu Ihrer Entscheidungsfindung bei. Wofür das Kapitel nicht gedacht ist … Es ersetzt nicht den Gang zum Steuerberater, der mit seinem Fachwissen Ihre ganz individuelle Situation durchleuchtet und bewertet.

FRAGEN AN DEN STEUERBERATER

Wann kann eine Immobilie steuerfrei veräußert werden?
Grundsätzlich fällt die Veräußerung einer Immobilie unter § 22 in Verbindung mit § 23 des Einkommensteuergesetzes und ist damit steuerpflichtig. Es gibt allerdings Möglichkeiten, Immobilien steuerfrei zu veräußern. Dies ist zum Beispiel dann der Fall, wenn diese zwischen Anschaffung und Veräußerung ausschließlich selbstgenutzt wurden oder wenn die Immobilie zunächst vermietet war, im Jahr der Veräußerung und in den beiden vorausgegangenen Jahren aber zu eigenen Wohnzwecken genutzt wurde.

Die wohl bekannteste Frist zum Thema ist die 10-Jahres-Frist: Auch eine vermietete Immobilie kann nach Ablauf der 10 Jahre steuerfrei veräußert werden. Die Frist beginnt mit Abschluss des notariellen Kaufvertrags. Wurde der Notarvertrag am 25.6.2008 geschlossen, beginnt die 10-Jahres-Frist mit Ablauf dieses Tages. Eine steuerfreie Veräußerung wäre dann erst ab dem 26.6.2018 möglich. Hier ist allerdings Vorsicht geboten: Ein vor dem Ablauf der 10-Jahres-Frist geschlossener notarieller Kaufvertrag erfüllt die Voraussetzungen für die Steuerfreiheit auch dann nicht, wenn darin eine aufschiebende Bedingung (späterer Übergang von Nutzen und Lasten) vereinbart wurde.

Wie wird die Immobilie im Fall eines steuerpflichtigen Verkaufs versteuert?

Der Gewinn oder Verlust aus Veräußerungsgeschäften ist der Unterschied zwischen dem Veräußerungspreis einerseits und den Anschaffungs- oder Herstellungskosten sowie den Werbungskosten andererseits.

Können Sie dafür ein Beispiel nennen?

Nehmen wir den Verkauf eines bisher vermieteten Einfamilienhauses nach 6 Jahren: Der erzielte Verkaufserlös ist 400 000 Euro, minus den damaligen Kaufpreis 300 000 Euro, minus die damaligen Erwerbsnebenkosten 15 000 Euro, minus die Veräußerungskosten (Verkaufsanzeigen etc.) 1 000 Euro ergibt den Verkaufserlös von 84 000 Euro. Nun dürfen jedoch die steuerlich geltend gemachten Abschreibungen (26 000 Euro) nicht vergessen werden. Diese müssen dem errechneten Verkaufserlös hinzugerechnet werden. Somit ergibt sich ein steuerpflichtiger Veräußerungsgewinn in Höhe 100 000 Euro. Zu beachten ist, dass Abschreibungen nur hinzuzurechnen sind, sofern diese bereits bei der steuerlichen Einkünfteermittlung berücksichtigt wurden (als Werbungskosten aus Vermietung und Verpachtung). Für den Zeitraum einer Eigennutzung ist keine Abschreibung zuzurechnen. Durch die Berücksichtigung der steuerlich geltend gemachten Abschreibungen kann es so zu einem Spekulationsgewinn kommen, obwohl nominal ein wirtschaftlicher Verlust erwirtschaftet wurde.

Welche weiteren steuerlichen Vorteile gibt es für eigengenutzte Immobilien?

Große Bedeutung in der Praxis haben aktuell die Vergünstigungen nach § 35 a Einkommensteuergesetz für haushaltsnahe Beschäftigungsverhältnisse, haushaltsnahe Dienstleistungen und Handwerkerleistungen. Die Höhe der Steuervergünstigung ist je nach Art der Aufwendungen auf unterschiedliche Höchstbeträge begrenzt. Sie beträgt jeweils 20 % der Aufwendungen, jedoch höchstens 510 Euro für geringfügige Beschäftigungen im Privathaushalt, 4 000 Euro für haushaltsnahe Dienstleistungen und 1 200 Euro für Handwerkerleistungen. Die Höchstbeträge gelten pro Haushalt. Aufwendungen für Notrufsysteme in Seniorenresidenzen können Sie beispielsweise ebenso steuerlich geltend machen. Achten Sie in jedem Fall auf die jährlichen Höchstgrenzen, denn für die Geltendmachung der Aufwendungen kommt es auf den tatsächlichen Zeitpunkt des Geldflusses an. Sollten Sie Dienstleister für den Jahreswechsel hinaus beauftragen, kann es daher Sinn machen, die Zahlung in das Folgejahr zu verlagern oder vorzuziehen.

Ist bei Rechtsgeschäften unter Angehörigen etwas zu beachten?

Ja, bei der Vermietung an Angehörige ist zu beachten, dass die Miete nicht unter 66 % der ortsüblichen Vergleichsmiete (Warmmiete) liegen sollte, da die Werbungskosten ansonsten nur anteilig berücksichtigt werden dürfen. Die unentgeltliche Überlassung einer Wohnung an Angehörige kann unter Umständen Schenkungssteuer auslösen. Aber auch beim Verkauf einer Immobilie an Verwandte unter dem Verkehrswert kann Schenkungssteuer fällig werden. In diesem Fall spricht man von einer gemischten Schenkung.

Das Interview wurde mit Andrea Schäffler von der Schäffler Steuerberatungsgesellschaft mbH aus München geführt.

SERVICE

REGISTER

© 2017 Stiftung Warentest, Berlin

Stiftung Warentest
Lützowplatz 11–13
10785 Berlin
Telefon 0 30/26 31–0
Fax 0 30/26 31–25 25
www.test.de
email@stiftung-warentest.de

USt-IdNr.: DE136725570

Vorstand: Hubertus Primus
Weitere Mitglieder der Geschäftsleitung:
Dr. Holger Brackemann, Daniel Gläser

Programmleitung: Niclas Dewitz

Autor: Robert Tzschöckel
Projektleitung/Lektorat: Uwe Meilahn
Korrektorat: Jonas-Philipp Dallmann, Berlin
Titelentwurf: Josephine Rank, Berlin
Layout: Martina Römer, Berlin
Grafik, Satz: Anna Bakalovic, Gestaltung
Bildnachweis: Fotolia, iStock (Titel)
Produktion: Vera Göring
Verlagsherstellung: Rita Brosius (Ltg.),
Susanne Beeh, Romy Alig
Litho: tiff.any, Berlin
Druck: Rasch Druckerei und Verlag GmbH & Co. KG, Bramsche

ISBN: 978-3-86851-464-3

Wir haben für dieses Buch 100 % Recyclingpapier und mineral-
ölfreie Druckfarben verwendet. Stiftung Warentest druckt ausschließlich in Deutschland, weil hier hohe Umweltstandards gelten und kurze Transportwege für geringe CO_2-Emissionen sorgen. Auch die Weiterverarbeitung erfolgt ausschließlich in
Deutschland.

FORMULARE

ZUM HERAUSTRENNEN

Gesamtkostenermittlung für den Kauf und den Bau einer Immobilie

Welche Kosten können bei einem Kauf- oder Bauvorhaben auf Sie zukommen? Wählen Sie die folgenden Punkte, die für Ihr Vorhaben relevant sind. Notieren Sie die Euro-Beträge und fassen Sie die Beträge in einer Summe zusammen.

1 Voraussichtlicher Kaufpreis (für Bauvorhaben: nur Grundstück) _____ Euro

2 Voraussichtliche Gebäudekosten (Bauvorhaben) _____ Euro
Inkl. Garage und/oder Carport

3 Baunebenkosten (Bauvorhaben) _____ Euro
Erschließung, Architekt/Ingenieur, Baugenehmigung, Bauversicherungen, Abriss etc.

4 Außenanlagen (Bauvorhaben) _____ Euro
Wege, Gartenanlage, Zaun etc.

5 Einbauküche _____ Euro
Inklusive Geräte

6 Maklerkosten _____ Euro
In Anlehnung an Gepflogenheiten des Bundeslandes, verhandelbar

7 Notarkosten _____ Euro
Einheitlich, für Kaufabwicklung

8 Grundbuchkosten _____ Euro
Bundeseinheitlich, für Eigentumsumschreibung und Grundschuldeintragung

9 Grunderwerbsteuer _____ Euro
Je nach Bundesland verschieden

10 Modernisierungs- bzw. Renovierungskosten (siehe Checkliste „Aufstellung Modernisierungskosten" S. 145) _____ Euro

11 Finanzierungsnebenkosten _____ Euro
Bereitstellungszinsen, Teilauszahlungszuschläge etc.

12 Sonstige Kosten _____ Euro
Übernahme aus folgender Checkliste „Sonstige Kosten beim Umzug"

13 Sicherheitspuffer _____ Euro

Gesamtkosten Bau _____ **Euro**

Sonstige Kosten beim Umzug

Welche sonstigen Kosten können bei einem bevorstehendem Umzug in das neue Zuhause auf Sie zukommen?

Wählen Sie die folgenden Punkte, die für Ihr Vorhaben relevant sind. Notieren Sie die Euro-Beträge und fassen Sie die Beträge in einer Summe zusammen. Anschließend können Sie diesen Betrag in der Gesamtkostenaufstellung ergänzen.

1 Mögliche Ablöse für Einrichtung/Inventar _____ Euro

Bei Bestandsobjekten, nicht finanzierbar

2 Umzugskosten _____ Euro

Pauschal 20 Euro pro m² Wohnfläche für reinen Transport

3 Verpackungsmaterial für Umzug (sofern selbst verpackt wird) _____ Euro

Alternativ Umzugsunternehmen beauftragen, dann wird Pauschalpreis teurer

4 Renovierungsarbeiten alte Wohnung _____ Euro

Ggf. sind Malerarbeiten bzw. Schönheitsreparaturen notwendig*

5 Einrichtung neue Wohnung/Immobilie _____ Euro

Möbel, Beleuchtung usw.

6 Doppelbelastung aus Miete und Darlehensrate _____ Euro

7 Kleinkosten _____ Euro

Zeitweise Doppelzahlung Telefonanschlüsse, ggf. neue Technik, Ummeldekosten Wohnsitz, Ummeldekosten Kfz, Nachsendeauftrag Post, Eröffnung neuer Bankkonten,

8 Puffer für Unvorhergesehenes _____ Euro

Reparatur Kfz oder Haushaltsgeräte, ggf. Neuanschaffungen, Nachzahlung von Nebenkosten aus altem Mietverhältnis

Summe _____ **Euro**

* Prüfen Sie, ob die Klauseln zu Renovierungsmaßnahmen bei Auszug in Ihrem Mietvertrag bindend sind. Die Rückerstattung der Kaution aus Ihrem bisherigen Mietverhältnis kann recht spät erfolgen oder Abzüge enthalten, wenn die Nebenkostenabrechnung durch den Vermieter abgewartet wird. Rechnen Sie also vorerst nicht damit.

Wie berechne ich die möglichen Bereitstellungszinsen?

Folgende Angaben brauchen Sie:

Wie hoch ist meine Darlehenssumme? _____ Euro

Wie hoch ist mein Sollzins? _____ Prozent

Wie lange ist meine Bauzeit? _____ Monate

Wie lang ist meine bereitstellungszinsfreie Zeit? _____ Monate

Wie hoch ist mein Bereitstellungszins? _____ Prozent

Mit diesen Angaben können Sie die finanziellen Belastungen während der Bauzeit, bezogen auf die Teilauszahlungen des neuen Darlehens, überschlägig ermitteln:

Datum	Tag/Monat	Darlehenszinsen in Euro	Bereitstellungs-zinsen in Euro	Gesamtbelastung in Euro*
Auszahlung A				
Auszahlung B				
Auszahlung C				
Auszahlung D				

*Summe aus Darlehenszinsen und Bereitstellungszinsen der jeweiligen Auszahlungen

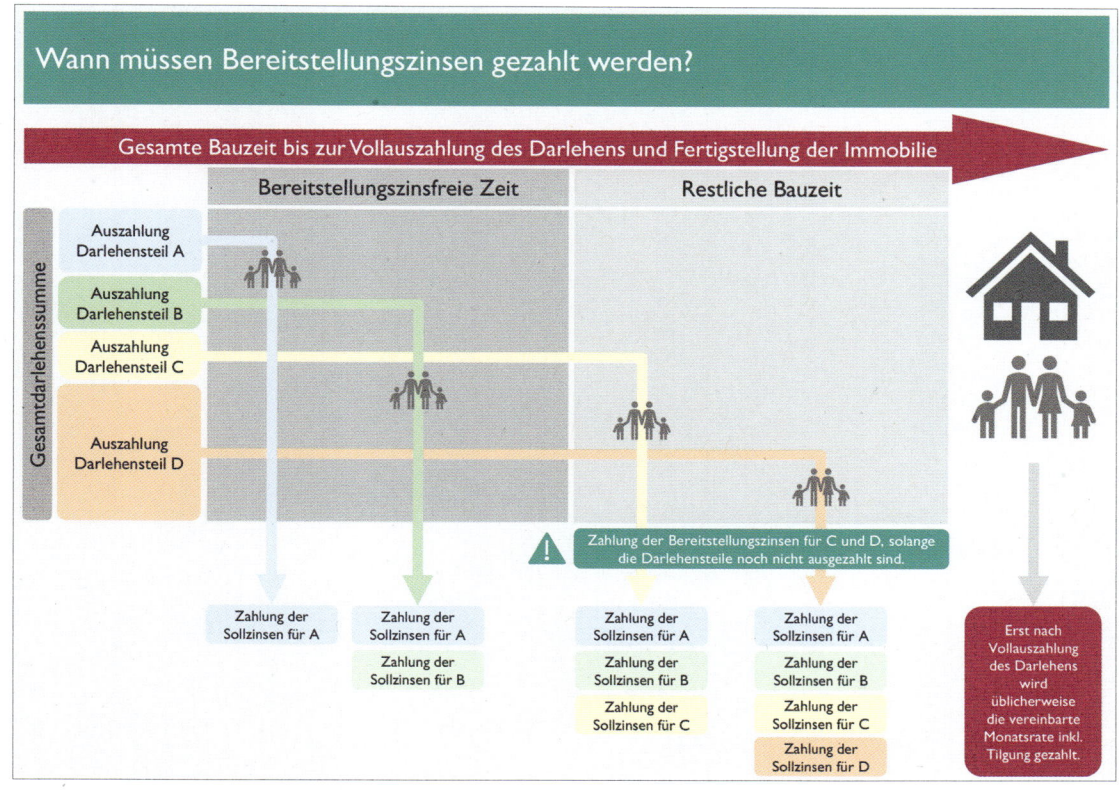

101

Beeinflussbare Kostentreiber

Wählen Sie die folgenden Punkte, die für Ihr Vorhaben relevant sind.
In der rechten Spalte können Sie die Einsparpotenziale notieren, die sich durch unterschiedliche Angebote, eigene Preisvergleiche, Gespräche mit Ihrem Bauträger oder Ihrem Architekten/Bauingenieur ergeben haben.

Realistische Einsparpotenziale

1 Lage des Objekts
Kann ich mir vorstellen, weiter außerhalb zu leben? _____ Euro

2 Objektart (z. B. freistehendes Haus, ETW)
Wie wichtig ist mir unser Traumhaus, können wir abspecken? _____ Euro

3 Grundstücksgröße
Reicht mir auch – bei Veränderung des Objekts – ein kleineres Grundstück? _____ Euro

4 Keller ja/nein
Brauche ich einen Keller oder gibt es oberirdische Alternativen? _____ Euro

5 Bauweise (aufwändig oder schlicht)
Sind Gauben, Erker oder eine zerklüftete Fassade nötig? _____ Euro

6 Effizienzstandard
Reicht die Mindestanforderung oder will ich möglichst ökologisch bauen? _____ Euro

7 Erbringen von Eigenleistungen
Was kann ich, wie viel Zeit haben wir realistisch? _____ Euro

8 Umfang, Art, Zeitpunkt von Renovierungsarbeiten
Was ist wie und wann zwingend erforderlich (Steuern beachten)? _____ Euro

9 Dauer der Bauzeit
Mit wem baue ich, um die Doppelbelastung gering zu halten? _____ Euro

10 Ausstattungsniveau und Inventar
Müssen Küchen und Bäder Vorzeigeobjekte sein oder rein funktional? _____ Euro

11 Notwendigkeit von Nebenanlagen, z. B. Garage
Reicht mir zunächst ein gepflasterter Stellplatz? _____ Euro

12 Gartenanlage
Realisiere ich in Eigenarbeit oder in professioneller Planung und Ausführung? _____ Euro

13 Kreditgeber und Zinskonditionen
Wie viel Zinsen lassen sich in der ersten Zinsperiode sparen (Anbietervergleich)? _____ Euro

14 Weiteres Sparpotenzial
Eigene Ansätze, um weitere Einsparungen zu realisieren _____ Euro

Summe der geschätzten Einsparungen _____ Euro

Was ist mir/uns beim Neubau unbedingt wichtig?

Diese Übersicht soll Ihnen eine Entscheidungshilfe sein, welche Anforderungen Sie bei Ihrem Neubauvorhaben unbedingt realisieren wollen und welche weniger wichtig sind. Jedes Entscheidungskriterium stellt auch ein Einsparpotenzial dar.

Ausstattung und Wünsche	Wichtig	Weniger wichtig	Anmerkungen
Wie wichtig ist uns eine zentrale Lage? Wie weit reicht der öffentliche Personennahverkehr?	☐	☐	_____
Benötigen wir ein großes Grundstück? Bin ich ein Gartentyp, habe ich Zeit für die Pflege?	☐	☐	_____
Benötigen wir mehr Wohnfläche als heute? Warum und wofür?	☐	☐	_____
Ist ein Keller notwendig? Habe ich jetzt schon mehr als einen Kellerraum? Wie nutze ich ihn?	☐	☐	_____
Brauchen wir mehrere Bäder? Für Kinder und Gäste?	☐	☐	_____
Muss es unbedingt das Einfamilienhaus sein? Gleichgroße Doppelhaushälften oder Reihenhäuser können preiswerter sein.	☐	☐	_____
Klinkerfassade? Ist auch ein Putzbau ausreichend?	☐	☐	_____
Anzahl/Größe der Fenster? Große Fenster kosten mehr.	☐	☐	_____
Fensterfarbe? Alles außer Weiß kostet meist extra.	☐	☐	_____
Benötigen wir eine Garage? Reicht Carport oder Stellplatz?	☐	☐	_____
Sollen energetische KfW-Förderkriterien erfüllt werden? Hier spielt auch die ökologische Grundeinstellung mit.	☐	☐	_____
Kontrollierte Lüftungsanlage? Ständig frische Luft erhöht den Wohnkomfort.	☐	☐	_____
Einbauküche? Groß, qualitativ/technisch hochwertig oder nur funktional?	☐	☐	_____
Rollläden, Jalousien? Preise noch einmal so teuer wie die Fenster einplanen?	☐	☐	_____
Parkett (Echtholz)? Sind Vinyl, Laminat oder Teppichboden eine Alternative?	☐	☐	_____
Tapeten an der Wand? Tapeten kosten, nur Wandanstrich ist atmungsaktiver.	☐	☐	_____
Wollen bzw. müssen wir Eigenleistungen einbringen? Wie sehen wir unsere Freizeit realistisch?	☐	☐	_____
Unterstützung von Familie und Freunden? Wer Hilfe erhält, muss sich vielleicht revanchieren.	☐	☐	_____
Garten und Außenanlagen selbst- oder fremderstellt? Vollständig oder Teilaufträge vergeben?	☐	☐	_____

Was ist mir/uns beim Kauf eines Bestandsobjekts unbedingt wichtig und zwingend?

Die folgende Übersicht soll Ihnen a) eine Entscheidungshilfe sein, sich über das passende Objekt im Klaren zu werden und b) bei einem in Betracht kommenden Objekt den Zustand und den Investitionsaufwand festzuhalten.

Ausstattung und Wünsche	Wichtig	Weniger wichtig	Anmerkungen
Wie wichtig ist eine zentrale Lage? Wie weit reicht der öffentliche Personennahverkehr? Wie ist die sonstige Infrastruktur?	☐	☐	_____
Wird ein großes großes Grundstück benötigt? Bin ich ein Gartentyp, habe ich Zeit?	☐	☐	_____
Wird mehr Wohnfläche als bisher benötigt? Warum und wofür?	☐	☐	_____
Muss es unbedingt das Einfamilienhaus sein? Alternative: Eigentumswohnung, Reihenhaus, Doppelhaushälfte	☐	☐	_____
Ist ein Keller notwendig? Das Risiko eines feuchten Kellers einbeziehen.	☐	☐	_____
Ist das Dach/die Dacheindeckung neuwertig? Sanierung birgt erheblichen Kostenaufwand	☐	☐	_____
Wie ist der Dämmzustand der Gebäudehülle? Kein oder geringes Niveau sorgt für hohe/höhere Heizkosten	☐	☐	_____
Wie ist der Zustand der Fenster? Sind die Dämmeigenschaften akzeptabel, sind sie dicht?	☐	☐	_____
Müssen Bäder zwingend neu sein? Würde uns ein gepflegter Zustand noch 10 Jahre reichen?	☐	☐	_____
Ist eine neue Einbauküche erforderlich? Ist die Küche abgewirtschaftet oder im guten Zustand?	☐	☐	_____
Ist die Elektroanlage noch brauchbar? Zustand, Sicherheit, heutiger Anspruch?	☐	☐	_____
Gefallen Garten und Außenanlagen? Gefällt (wie es ist) oder Neuanlage?	☐	☐	_____
Müssen Rollläden/Jalousien ersetzt werden? Wenn abgewirtschaftet, brauchen wir wirklich neue?	☐	☐	_____
Sind Bodenbeläge komplett zu ersetzen? Überall erforderlich oder (teilweise) noch werthaltig?	☐	☐	_____
Wie gut ist der Zustand der innerhäuslichen Versorgungsleitungen? Wie alt sind Leitungen, und wie lange halten sie noch?	☐	☐	_____
Sollen Eigenleistungen eingebracht werden? Wie sehen wir unsere Freizeit realistisch?	☐	☐	_____
Können Familie und Freunden uns unterstützen? Wer Hilfe erhält, muss sich vielleicht revanchieren.	☐	☐	_____

In welchen Gewerken, Baumaterialien, Ausstattungsdetails steckt Einsparpotenzial?

Einzelmaßnahme, Gewerk, Ausstattung	Einsparmöglich-keit in Euro (Schätzung)	Was kann ich einsparen?
Grundstückskosten Differenz Grundstückskosten für Einfamilienhaus zu Doppelhaushälfte bei 250 qm Größenunterschied und 300 Euro/qm	75 000	
Kein Keller Teilweise kompensiert durch oberirdischen Ausgleich	20 000	
Geometrie, Klarheit von Grundriss und Hausform Verzicht auf Giebel, Gauben, Erker, Balkone, Vor-/Rücksprünge	5 000–20 000	
Dacheindeckung Betonpfanne anstelle von Tonziegel	1 000–3 000	
Fensterfarbe Alles außer Weiß kostet meistens extra. Eine farbige Fläche kostet 10–12 % mehr als eine weiße Fläche.	individuell	
Verzicht auf Fertiggarage	7 000	
Verzicht auf Einzelgarage massiv	14 000–18 000	
Verzicht auf Doppelgarage massiv, geklinkert	25 000–35 000	
Verzicht auf Einzelcarport vom Fachbetrieb	5 000	
Anlagentechnik Unterschied z. B. zwischen Gasheizung und Erdwärmeheizung: Anlagen nach EnEV 2016 (Gas und Solarthermie) beginnen bei ca. 9 000 Euro, Annahme: Rohinstallation nicht im Preis berücksichtigt	10 000–20 000	
Keine kontrollierte Lüftungsanlage Ständig frische Luft erhöht den Wohnkomfort Je nach Funktionsweise (zentral, dezentral)	3 000–5 000	
Fassadengestaltung: Putz statt Klinker Regional unterschiedlich	10 000	
Einbauküche Einsparpotenzial Standard-Einbauküche zu gehobenem Standard, Händler vergleichen	5 000–8 000	
Rollläden, Jalousien Fenster mit elektrischen Rolläden (entspricht ungefähr doppeltem Fensterpreis, Jalousien teurer)	individuell	
Malerarbeiten; Verzicht auf Tapete Farben besser im Fachhandel kaufen	3 000–5 000	
Vinylboden/Laminat statt Holzparkett Nur Materialkosten	2 000–3 000	

Einzelmaßnahme, Gewerk, Ausstattung	Einsparmöglich-keit in Euro (Schätzung)	Was kann ich einsparen?
Zimmertüren und Griffgarnituren 10 Türen im Haus unterstellt Einsparmöglichkeiten Standard-Ausführung gegenüber gehobenem Standard	2 000	_____
Rahmen für Steckdosen und Lichtschalter Einsparmöglichkeiten Standardausführung zu gehobenem, optischem Standard (Farbnuancen, Schalterflächengröße = Preisverdoppelung; das Innenleben ist identisch)	2 000	_____
Gäste-WC bei Verzicht auf Dusche	2 000	_____
Garten und Außenanlagen Preisdifferenz Beton- zu Tonpflaster zum Beispiel zirka 10 Euro/Quadratmeter	individuell	_____
Einzelgewerkvergabe durch Bauherren Bauherr übernimmt auch Koordination. Für Baulaien aber sehr riskant und nicht zu empfehlen!	20 000	_____

Summe Einsparungen = _____

Ihre aktuelle Haushaltsbilanz

Verschaffen Sie sich mit einer Einnahmen-Ausgaben-Rechnung (Haushaltsrechnung) einen Überblick über Ihr monatlich frei zur Verfügung stehendes Geld.

Einnahmen

Monatsbetrag in Euro

Haushalts-Nettoeinkommen (= nach Steuern)

_____

Regelmäßige Boni oder 13./14. Gehalt

_____

Nebenberufliche Einkünfte

_____

Mieteinnahmen vermieteter Immobilien (evtl. Abschlag für Steuern berücksichtigen)

_____

Kindergeld

_____

Sonstige Einnahmen (z. B. Renten, Pensionen, Unterhaltseinkünfte etc.)

_____

_____   _____

_____   _____

Summe monatliche Einnahmen

_____

Ausgaben

Fixkosten

Mobilität — Fixkosten für Kfz (Versicherung, Steuern, Treibstoff, Reparaturen) und/oder öffentliche Verkehrsmittel (Monats-/Jahreskarte)

_____

Vorsorge, Risikoschutz — Sparraten für Rücklagen möglicher Neuanschaffungen im Haushalt (Geräte, Möbel), Ersatz und Reparaturen

_____

Sparraten für Altersvorsorge (Riester, Renten- und Lebensversicherung, Fondssparpläne etc.)

_____

Allgemeine Versicherungsbeiträge (Sachversicherungen wie Haftpflicht, Rechtsschutz etc.)

_____

Private Krankenversicherung oder Zusatzversicherungen (Zahnzusatzversicherung, Auslandsreisekrankenversicherung)

_____

Weitere regelmäßige Ausgaben — Evtl. zu leistende Unterhaltszahlungen

_____

Mögliche Ratenkredite oder Leasingverbindlichkeiten

_____

_____   _____

Ausgaben

Monatsbetrag in Euro

Wohnkosten — Miete oder Darlehensrate (Erfassung nur, wenn Immobilie zur Vermietung gekauft wird)

Allgemeine Versicherungsbeiträge (Sachversicherungen wie Hausrat etc.)

Wohnnebenkosten (Abschlagszahlung oder Strom, Heizung, Warmwasser)

GEZ, Telefon und Internet

Variable (Verbrauchs-)Kosten

Allgemeine Lebenshaltungskosten — Kosten für Freizeitaktivitäten (Sport, Kultur, Mitgliedsbeiträge, Restaurantbesuche, Geschenke etc.)

Kosten für allgemeine Haushaltsführung (Nahrungsmittel, Drogerieartikel, Genussmittel, Kleidung, etc.)

Etat für Jahresurlaub / Urlaubsreisen

Summe monatliche Ausgaben

Maximale Monatsbelastung (eigene Vorstellung)

Ihre Eigenkapitalersatzmittel

Verschaffen Sie sich einen Überblick über die Ihnen zur Verfügung stehenden Möglichkeiten.

Art des Eigenkapitalersatzmittels	Betrag/Höhe (in Euro)	Wird die Höhe des Hauptdarlehens dadurch reduziert?
1 **Abtretung bestehender Ansprüche aus Bausparvertrag** Bausparguthaben		Nein
2 **Abtretung bestehender Ansprüche aus Lebensversicherung** Rückkaufswert		Nein
3 **Abtretung bestehender Ansprüche aus Rentenversicherung** Rückkaufswert		Nein
4 **Abtretung von Bankguthaben** Festgelder, Sparkonten		Nein
5 **Abtretung von erstrangigen Grundschuldteilen anderer Immobilien**		Nein
6 **Arbeitgeberdarlehen**		Ja
7 **Privatdarlehen** Verwandtschaft, Bekanntschaft		Ja
8 **Öffentliche Darlehen des Bundeslandes** Landesfördermittel		Ja
9 **Nachrangdarlehen von spezialisierten Darlehensgebern**		Ja
10 **Eigenleistungen**		Ja
Summe		

Vermögensaufstellung und Eigenkapital

Verschaffen Sie sich einen Überblick über Ihre Finanzen, das heißt über das für die Finanzierung zur Verfügung stehende Kapital, und addieren Sie die einzelnen Positionen.

Ihre Vermögensbestandteile	Gesamtbetrag (in Euro)	Für die Finanzierung (in Euro)
1 Guthaben auf Giro- und Tagesgeldkonten		
2 Wertpapierdepots Fondsguthaben, Aktienguthaben, Anleihen usw.		
3 Festgelder/Sparkonten Festgeldkonten, Sparbücher, Sparbriefe, Schuldverschreibungen etc.		
4 Guthaben aus Riester- oder Rürupverträgen		
5 Bausparguthaben		
6 Rückkaufswerte aus Lebens- oder Rentenversicherungen		
7 Immobilienvermögen Grundstücke, Immobilien etc.		
8 Beteiligungen Geschlossene Fonds, sonstige Beteiligungen		
9 _____		
_____		
Summe Eigenkapital		

Verbindlichkeitenaufstellung und monatliche Belastung

Verschaffen Sie sich einen Überblick über Ihre Finanzen, das heißt über die eigene Schuldensituation, und addieren Sie die einzelnen Positionen.

	Art der Verbindlichkeiten	Monatsrate in Euro	Stand per	Restschuld in Euro
1	**Konsumentenkredite** Kfz, Möbel, Technik usw., auch Null-Prozent-finanzierung			
2	**Studentenkredite** Bafög			
3	**Privatkredite** Haben Sie sich von jemandem Geld geliehen?			
4	**Dispokredit/Überziehungskredit** In Anspruch genommen oder Ist ihr Konto im Plus?			
5	**Immobiliendarlehen/Bauspardarlehen** Wenn umfangreich, dann separate Aufstellung anlegen.			
6				
	Summe			

Individuelle, maximale Kaufpreisermittlung

Mit einer einfachen Rechnung und den zuvor aufgestellten Ergebnissen lässt sich jetzt ein maximal möglicher Kaufpreis gut ermitteln.

Annahmen:

Maximale Monatsbelastung/Wunsch-Monatsrate: _____

Höhe Sollzins: _____

Höhe Tilgung: _____

Höhe Eigenkapital: _____

Rechenschema:

Maximales Investitionsvolumen (inkl. Nebenkosten) auf Basis Ihrer Wunsch-Monatsrate

$$= \left[\frac{[\text{Wunsch–Monatsrate x 12 Monate}]}{[\text{Zinssatz + Tilgungssatz}]} \times 100 \right] + [\text{freies Eigenkapital}]$$

Eigene Rechnung

Rechenweg:

(Wunsch-)Monatsrate x 12 Monate = Jahresrate: _____

Dividiert durch (Summe aus Zins und Tilgung) = _____

Ergebnis x 100 (= maximale Darlehenssumme) _____

Addition Eigenkapital _____

= Maximal mögliches Investitionsvolumen (inklusive Nebenkosten) in Euro _____

Kaufpreis mit Berücksichtigung Nebenkosten:

Addition der Nebenkosten (in Prozent)
(Nebenkosten in % geteilt durch 100) + 1: _____
Maximal mögliches Investitionsvolumen (inklusive Nebenkosten)
in Euro / Ergebnis der oberen Zeile = _____

= Maximal möglicher Kaufpreis ohne Nebenkosten _____

Beratung beim Darlehensgeber oder Darlehensvermittler?

	Hausbank/ Darlehens- geber:	Unabhängiger, spezialisierter Darlehensver- mittler	Welche Kriterien sind mir wichtig?
Wo ist eine Terminvereinbarung notwendig?	✓	✓	_____
Wo ist die Beratung telefonisch möglich?	✓	✓	_____
Wo ist die Beratung persönlich möglich?	✓	✓	_____
Wo ist die Beratung umfassend?	✓	✓	_____
Wo werden zusätzliche Produkte (z. B. Versicherungen) angeboten?	✓		_____
Wer hat den größeren Spielraum, die Konditionen zu verändern?	✓		_____
Wer hat eine offene, unabhängige Produktauswahl?		✓	_____
Wer kann verschiedene Darlehensgeber untereinander vergleichen und damit Ihren Zins optimieren?		✓	_____
Wo sparen Sie Zeit für Angebotsver- gleiche?		✓	_____
Wer kommt Ihnen auf den ersten Blick vertrauter vor?	✓		_____
Wer hat mehr Alternativen bei schwieri- gen persönlichen Verhältnissen?		✓	_____

So unterscheiden Sie professionelle Darlehensvermittler von unseriösen	Unseriös ist:	Seriös ist:	
Extragebühren für die Vermittlung des Darlehens	✓		_____
Berechnung von Kosten, die nebenbei anfallen (Porto, Papier, Telefon)	✓		_____
Darlehensangebote nur in Verbindung mit anderen Finanzprodukten (abge- sehen von Risiko-LV)	✓		_____
Versprechungen einer 100%igen Darlehenszusage	✓		_____
Sauberes Konditionsangebot mit den wichtigsten Angaben		✓	_____

So unterscheiden Sie professionelle Darlehensvermittler von unseriösen	Unseriös ist:	Seriös ist:	
Webseite macht einen seriösen Eindruck (d. h. es muss überhaupt eine Website vorhanden sein)		✓	_____
Zeit für Nachfragen und nähere Erläuterungen		✓	_____
Lassen sich im Internet Pressemitteilungen und Veröffentlichungen finden?		✓	_____
Berater/Management stellt sich auf Webseite mit Foto und Text vor.		✓	_____
Aktive Social-Media-Seiten (Facebook mit Bewertungen, Xing, Google+ usw.)		✓	_____
Gibt Ihnen Empfehlungen, wenn Sie dadurch einen Vorteil erlangen, er selbst möglicherweise nicht.		✓	_____
Spricht offen und ehrlich an, wenn etwas nicht leistbar ist (Lage des Objekts etc.)		✓	_____
Spricht auch unbequeme Wahrheiten an (Eigenkapital zu niedrig, Einkommen zu gering)		✓	_____
Überdurchschnittliche Provisionshöhen beeinflussen Zinssatz negativ	✓		_____
Kein aktives Ansprechen öffentlicher Darlehensgeber (wegen geringerer Verdienstmöglichkeit)	✓		_____

Was bestimmt den Sollzins bei meiner Finanzierungsanfrage?

Diese Aufzählungen sind nicht vollständig und bilden lediglich einen Teil der zinsrelevanten Faktoren ab.
Sie sollen Ihnen ein erstes Gefühl vermitteln und verdeutlichen, dass Zinssätze, wenn man sie zum Beispiel mit dem Nachbarn vergleicht, höchst unterschiedlich berechnet werden – auch wenn auf den ersten Blick die gleichen Voraussetzungen gegeben sind.

Welche Faktoren können Ihren Darlehenszins beeinflussen? Welche nicht?	Beeinflussbarkeit durch den Kreditnehmer	Welcher Zusammenhang besteht?	Welche Ideen oder Spielräume habe ich, die in der Beratung angesprochen werden sollten?
1 Verhältnis aus Darlehenssumme zu Beleihungswert	Ja	Dieses Verhältnis entscheidet am stärksten über die Sollzinshöhe. Je mehr Eigenkapital oder Eigenkapitalersatzmittel Sie einsetzen, desto geringer wird das Risiko für die Bank (Verhältnis wird kleiner), und desto geringer wird Ihr Zinssatz.	
2 Darlehenshöhe	Ja	Bei vielen Darlehensgebern sind die Zinskonditionen nach Darlehenshöhe gestaffelt. Grundsätzlich gilt dabei: Je höher die Darlehenssumme ist, desto niedriger wird der Zins. Es macht natürlich wenig Sinn, dreißig- oder vierzigtausend Euro mehr Darlehen aufzunehmen, nur weil der Zins dann um 0,10 % niedriger wäre. Wenn Ihr Darlehensbetrag ganz knapp unter einer solchen Grenze liegt, dann ist es überlegenswert. Wichtig ist dabei nur, dass man dadurch nicht in einen schlechteren Beleihungsauslauf (Verhältnis zwischen Darlehenssumme und Beleihungswert) kommt, was eine Verschlechterung der Kondition mit sich bringen würde.	
3 Dauer der Sollzinsbindung	Ja	Die Wahl der Sollzinsbindung entscheidet über die Höhe des Zinssatzes. Derzeit, das heißt in einer normalen Zinsstruktur, kosten lange Sollzinsbindungen mehr als kurze Sollzinsbindungen.	
4 Tilgungshöhe	Ja	Die Höhe der Tilgung spielt für die Vergabe des Zinssatzes für einige Finanzierer eine Rolle. Der Effekt: Je höher bzw. mehr Sie tilgen, desto günstiger wird Ihre Kondition. Mitunter werden für sogenannte Volltilgungsdarlehen besonders hohe Abschläge vergeben.	
5 Bereitstellungszinsfreie Zeit	Ja	Je nach Finanzierungsgrund wird bei den Finanzierern die bereitstellungszinsfreie Zeit festgelegt, welche dann mit einem Zinsaufschlag (0,01 % bis 0,3 % pro Monat) bei Bedarf verlängert werden kann.	

Welche Faktoren können Ihren Darlehenszins beeinflussen? Welche nicht?	Beeinflussbarkeit durch den Kreditnehmer	Welcher Zusammenhang besteht?	Welche Ideen oder Spielräume habe ich, die in der Beratung angesprochen werden sollten?
6 Sondertilgung	Ja/Nein	Sondertilgungen sind mal im Zinssatz inbegriffen, mal sind sie es nicht. Wenn sie bereits mit einkalkuliert sind, dann lassen sie sich auch meist nicht herausnehmen, da es der Standard des Darlehensgebers ist.	
7 Tragfähigkeit der zukünftigen Monatsraten, Kapitaldienstrechnung	Nein, nur bedingt.	Es gibt keine festgelegten Zinsabschläge für sehr positive Kapitaldienstrechnungen. Ist der Kapitaldienst negativ, gibt es keinen Zinsaufschlag, sondern die Finanzierung wird infrage gestellt. Beeinflussen kann ich diesen Punkt nur, indem ich mich nach einer günstigeren Immobilie umschaue, was den Darlehensbetrag reduzieren würde.	
8 Objektwert/ die Immobilie an sich	Nein, nur bedingt.	Verschlechtert sich bei gegebener Vermögenssituation der Beleihungswert nach der Objektbewertung, dann steigt das Verhältnis zwischen Darlehenssumme und Beleihungswert und es kann zu einer Zinssatzsteigerung kommen. Ausgeglichen werden kann dies nur mit nachträglichem Eigenkapitaleinsatz (wenn vorhanden) oder alternativen Sicherheiten.	
9 Nutzungsart der Immobilie	Nein	Bei vermieteten oder teilweise vermieteten Objekten verlangen nicht wenige Darlehensgeber Zinsaufschläge.	
10 Beschäftigungsverhältnis des Hauptdarlehensnehmers	Nein	Selbständige werden, zumindest bei einem Teil der Finanzierer, konditionell etwas schlechter gestellt als Angestellte. Das liegt in der Regel am höheren Prüfungsaufwand der Unterlagen als auch am etwas höheren Risiko.	
11 Internes Scoring des Darlehensgebers	Nein	Mittlerweile hat fast jeder Darlehensgeber ein internes Scoring. Diese EDV-basierten Scoreverfahren werden mit den verschiedesten Informationen befüllt. Das zurückgelieferte Ergebnis können Sie sich ganz grob wie eine Ampel vorstellen: grün = alles in Ordnung; gelb = es gibt Punkte, die sprechen gegen eine Darlehenszusage, können aber eventuell aus der Welt geschafft werden; rot = eine Finanzierung ist in der angefragten Konstellation nicht möglich. Berater können die Gründe für die Ergebnisse nicht einsehen.	
12 Postleitzahl des Finanzierungsobjekts	Nein	In Deutschland gibt es regional finanzierende und deutschlandweit finanzierende Kreditinstitute. Ein sehr günstiger, in der Region Nürnberg tätiger Darlehensgeber nützt Ihnen in Hamburg oder Stuttgart nichts. Anders ist es bei überregional finanzierenden Instituten. Hier gelten grundsätzlich erst einmal die gleichen Konditionen für alle, jedoch bilden sich zunehmend Ausnahmen heraus, bei welchen unterschiedliche Regionen Deutschlands auch unterschiedliche Zinssätze erhalten.	

Vorbereitung auf Ihr Finanzierungsgespräch

Hier geht es darum, auf die wichtigsten Fragen eines Beraters auch eine sinnvolle und für sich passende Antwort parat zu haben.

Welche wichtigen Fragestellungen für Ihre Finanzierungsentscheidung gibt es?	Welcher Zusammenhang besteht?	Eigene Notizen
1 Haben Sie eine konkrete Immobilie gefunden? Welcher Zeitplan besteht?	Ist das Vorhaben mit dem Finanzierer grundsätzlich im Zeitplan realisierbar?	
2 Wie hoch war Ihre bisherige monatliche Sparquote?	Ihre bisherigen Wohnkosten zzgl. Ihrer Sparquote können ein Indikator für eine zukünftige Monatsbelastung sein.	
3 Mit welchen späteren Renteneinkünften rechnen Sie?	Gibt es eine private Altersvorsorge? Wie hoch sind die gesetzlichen Leistungen?	
4 Mit welchen Gesamtkosten rechnen Sie ungefähr für den Bau oder Kauf Ihrer Wunschimmobilie?	Wie setzen sich die Gesamtkosten genau zusammen?	
5 Welche Eigenkapital- oder Eigenkapitalersatzmittel stehen zur Verfügung?	Ist alles frei verfügbar oder bestehen längere Kündigungsfristen?	
6 Sind die Investitionskosten optimiert, das heißt, hinsichtlich Einsparmöglichkeiten durchdacht?	Es ist gut, den eigenen Spielraum (Mindestvorstellungen, Idealvorstellungen) hinsichtlich der Investitionskosten zu kennen.	
7 Wie hoch soll Ihre zukünftige monatliche Belastung maximal sein?	Planen Sie, eine Familie zu gründen? Planen Sie eine längere berufliche Auszeit?	
8 Welche Zinssicherheit schwebt Ihnen vor?	Denken Sie, unabhängig davon, ob der Finanzierer so etwas anbietet, über die Länge der Sollzinsbindung nach (10, 15, 20 Jahre). Restschulden können Ihnen schnell berechnet werden. Vor- und Nachteile dieser Varianten kann Ihnen ein guter Berater darlegen.	
9 Von welchen KfW-Programmen wissen Sie bereits, die in Frage kommen?	Lassen Sie sich einen Finanzierungsvorschlag mit KfW-Mitteln anbieten, wenn diese in Frage kommen.	
10 Wie lange ist Ihre Bauphase bzw. wann muss die Immobilie bezahlt werden?	Wie lange benötigen Sie eine bereitstellungszinsfreie Zeit?	

133

Eigene Notizen

Welche wichtigen Fragestellungen für Ihre Finanzierungsentscheidung gibt es?

Welcher Zusammenhang besteht?

11 Wie wichtig und sinnvoll sind für Sie Sondertilgungsmöglichkeiten?

Wieviel können und möchten Sie pro Jahr oder alle zwei/ drei Jahre realistisch sondertilgen? Wo kommen diese Gelder her?

12 Ist Ihnen eine Tilgungswechselmöglichkeit wichtig?

Benötigen Sie eine Monatsratenflexibilität?

13 Welche Finanzierungsvarianten interessieren Sie?

Lassen Sie sich mindestens zwei Alternativen rechnen, die Sie sich in Ruhe anschauen können.

14 Wie ist die Empfehlung Ihres Beraters?

Was empfiehlt Ihnen Ihr Berater für eine Finanzierungslösung und warum?

15 Welche Risikovorsorgemaßnahmen haben Sie bzw. möchten Sie treffen?

Weitere Fragen an den Darlehensvermittler oder Darlehensgeber

16 Ist er auf Immobilienfinanzierung spezialisiert?

Bei vielen Finanzberatern ist die Finanzierungsberatung für Immobilien ein Angebot unter anderen Angeboten, nur wenige sind darauf spezialisiert.

17 Wie hoch sind seine Verdienstmöglichkeiten?

Kunden bekommen – eigentlich kurz vor Beratungsbeginn – eine vorvertragliche Information, in welcher ein Vermittler seine Vergütungshöhen (in %) offenlegen muss, oftmals geschieht dies jedoch erst später. Ich kann als Kunde natürlich fragen, wie die Verdienstmöglichkeiten sind. Die Höhe der Vergütung entscheidet im Zweifel über die Höhe des Zinssatzes.

...

...

...

Abs.

Name

Straße

PLZ, Ort

Telefon

Mobil

E-Mail

Datum, Ort

Darlehenskündigung nach § 489 BGB

Sehr geehrte(r) Damen und Herren / Frau / Herr _____ ,

wir haben bei Ihnen das/die nachstehende(n) Darlehen abgeschlossen, das/die in der Tabelle unten aufgeführt ist/sind. Unter Bezugnahme auf den § 489 BGB Abs. 1 Nr. 2 kündige(n) ich/wir hiermit das/die Darlehen vor Ablauf der Zinsfestschreibung fristgerecht zum in der Tabelle aufgeführten Kündigungsdatum.

Darlehens-Nr.	Vertragsdatum vom	Vollauszahlung am	Kündigung zum
			Nächstmöglich
			Nächstmöglich
			Nächstmöglich

Bitte bestätigen Sie mir/uns die Kenntnisnahme und Beachtung der Kündigung
sowie den Kündigungstermin.

Vielen Dank und mit freundlichen Grüßen

_____
Datum, Unterschrift

Unterlagen für Ihre Kreditgespräche

Unterlagen zu persönlichen Verhältnissen	Woher bekommen Sie diese?
☐ Lohn-/Gehaltsabrechnungen der letzten drei Monate (Angestellte)	Arbeitgeber/eigene Unterlagen
☐ Einkommensteuerbescheide (alle Seiten) der letzten zwei Jahre	Finanzamt/eigene Unterlagen
☐ Bilanz oder Einnahmen-Überschussrechnung der letzten zwei Jahre (Selbständige)	Eigene Unterlagen, vom Steuerberater
☐ Aktuelle Umsatzzahlen oder aktuelle betriebswirtschaftliche Auswertung (Selbständige)	Eigene Unterlagen, vom Steuerberater
☐ Nachweise bestehender Verbindlichkeiten	Eigene Unterlagen, Kontoauszug
☐ Nachweise des bei der Finanzierung eingesetzten Eigenkapitals	Eigene Unterlagen, Kontoauszug
☐ Nachweis eventuell vorhandener Mieteinkünfte	Mietvertrag, eigene Unterlagen, Kontoauszug
☐ Nachweis privater und/oder gesetzlicher Renteneinkünfte/Pensionen (bestehende und zukünftige)	Rentenbescheid(e), eigene Unterlagen
☐ Darlehensvertrag Finanzierungsobjekt (bei Umschuldung/Modernisierung)	Kreditgeber, eigene Unterlagen
☐ Darlehenskontoauszug Finanzierungsobjekt (bei Umschuldung/Modernisierung)	Kreditgeber, eigene Unterlagen

Unterlagen zur Immobilie

☐ Grundrisse	Bauunternehmer, Architekt, Bauträger, Ingenieurbüro, Vorbesitzer, Baubehörde
☐ Wohnflächenberechnung, ggf. zusätzlich Berechnung des umbauten Raumes	Bauunternehmer, Architekt, Bauträger, Ingenieurbüro
☐ Bauzeichnungen wie Ansichten, Schnitte	Bauunternehmer, Architekt, Bauträger, Ingenieurbüro
☐ Baubeschreibung	Bauunternehmer, Architekt, Bauträger, Ingenieurbüro
☐ Werkvertrag für Bauvorhaben inkl. Zahlungsplan und Kostenaufstellung (Bauvorhaben)	Bauunternehmer, Architekt, Bauträger, Ingenieurbüro
☐ Flurkarte oder Lageplan	Vom Makler, Verkäufer, Katasteramt
☐ Aktueller Grundbuchauszug	Vom Makler, Verkäufer, Grundbuchamt
☐ Kaufvertragsentwurf (Kaufvorhaben) bzw. Kaufvertragsentwurf Grundstück (Bauvorhaben)	Vom Notar, Makler oder Verkäufer
☐ Ggf. Erbbaurechtsvertrag bei Erbbaurechten	Vom Makler oder Verkäufer
☐ Teilungserklärung (bei Wohnungen)	Voreigentümer, Hausverwaltung
☐ Farbfotos (außer bei Neubauvorhaben)	Eigene Unterlagen, Baugutachter
☐ Aufstellung Modernisierungskosten (geplante und vergangene, bei Kauf, Umschuldung)	Eigene Unterlagen, Verkäufer, Architekt, Ingenieurbüro

Baubeschreibung

Zur Einordnung und Bewertung durch Ihren Darlehensgeber beschreiben Sie im Formular den aktuellen Zustand Ihrer Immobilie, falls keine originale Baubeschreibung vorhanden ist.

Angaben zum Objekt

Objektart* ☐ WHG ☐ EFH ☐ DHH ☐ RH ☐ MFH ☐ Sonstige _____

Baujahr _____

Jahr der letzten Modernisierung _____

Maßnahmen _____

_____

Anzahl bewohnte Etagen** _____

Keller ☐ Kein Keller ☐ Teilkeller ☐ Vollkeller

Angaben zur Bauweise

Bauart ☐ Massiv ☐ Fertighaus ☐ Holzständer ☐ Blockhaus

Dach ☐ Zu Wohnzwecken nutzbar ☐ zu Wohnzwecken nicht nutzbar
☐ Flachdach

Eindeckung Dach ☐ Holz ☐ Blech ☐ Reet ☐ Ziegel-/Betonpfanne

Dach wie alt? _____

Stellplatzmöglichkeiten ☐ Carport/Stellplatz ☐ Garage

Anbauten etc. ☐ Werkschuppen ☐ Gartenhaus ☐ Schwimmbad _____

Ausstattung

Fenster ☐ Holz ☐ Aluminium ☐ Kunststoff

Verglasung Fenster ☐ Einfach ☐ doppelt ☐ dreifach

Alter der Fenster _____

Schutzvorrichtungen ☐ Rollläden ☐ Jalousien

Fußböden ☐ Parkett ☐ Fliesen ☐ Sonstige: _____

Bäder ☐ Bad mit Wanne ☐ Gäste-WC

Heizung ☐ Dezentral ☐ zentral ☐ Öl ☐ Gas ☐ Elektro ☐ Wärmepume ☐ Heizkörper ☐ Fußbodenheizung ☐ Wandheizung

Warmwasserversorgung ☐ Elektro ☐ Gas ☐ Zentral ☐ Solar

**Gesamteindruck allgemein/
Beurteilung Ausstattung** ☐ Einfach ☐ Standard ☐ Gehoben ☐ Luxus

*WHG =Wohnung, EFH =Einfamilienhaus, DHH =Doppelhaushälfte, RH =Reihenhaus, MFH =Mehrfamilienhaus

**Außer Keller und Dachgeschoss

Wohnflächenberechnung

Name _____

Anschrift _____

Zimmer*	Etage (EG, OG, DG)	Länge (Meter)	Breite (Meter)	Länge x Breite in m²	Abzüglich Vorsprünge, Pfeiler, ... = Grundfläche in m²	Grundfläche x Prozentwert = Wohnfläche in m²
_____	_____	_____	_____	_____	_____	_____
_____	_____	_____	_____	_____	_____	_____
_____	_____	_____	_____	_____	_____	_____
_____	_____	_____	_____	_____	_____	_____
_____	_____	_____	_____	_____	_____	_____
_____	_____	_____	_____	_____	_____	_____

Gesamtwohnfläche (in m²) _____

Zur Wohnfläche wird nach Wohnflächenverordnung (WoFIV) gezählt:

Prozent der Grundfläche	Definition	Beispiele
100 %	Alle Räume oder Raumanteile mit mindestens 2 Metern Höhe	Beheizter Wintergarten
50 %	Alle Räume oder Raumanteile mit mindestens 1 Meter und maximal 1,99 Meter Höhe	Raum unter Dachschrägen
25 %	Balkon, Terrasse, Loggia Dachterrasse Alle Räume außerhalb des Gebäudes	Unbeheizter Anbau-Wintergarten
0 %	Raumteile mit weniger als 1 Meter Höhe Keller, Dachboden, Heizungsraum, Trockenraum, Waschküche, Technikraum Abstellräume außerhalb des Wohngebäudes	Raum unter Dachschrägen Garage, ...

* bei Dachschrägen mehrere Grundflächen mit unterschiedlichen Wohnflächen-Prozentwerten

Aufstellung Modernisierungskosten

Darlehensnehmer: _____

Anschrift Finanzierungsobjekt: _____

_____

Geplante Modernisierungskosten:

Maßnahme	Gesamtkosten (in Euro)	Davon eventuell Eigenleistung (in Euro)
_____	_____	_____
_____	_____	_____
_____	_____	_____

Vergangene Modernisierungskosten:

Maßnahme	Gesamtkosten (in Euro)	Davon belegte Eigenleistung (in Euro)
_____	_____	_____
_____	_____	_____
_____	_____	_____
_____	_____	_____

Wir versichern/ich versichere, dass alle Angaben wahrheitsgemäß gemacht wurden. Wir sind uns/Ich bin mir bewusst, dass falsche Angaben zu einer Vertragsaufhebung führen können.

_____

Ort, Datum   Unterschrift Darlehensnehmer 1   Unterschrift Darlehensnehmer 2

Konditionsangebot

In diesem Musterangebot finden Sie die wichtigsten Inhalte eines Finanzierungsvorschlags anhand eines Kaufvorhabens. Die eingetragenen Werte dienen dabei als Beispiel.

Angebot für: Max Mustermann

Bedingungen gültig bis: xx. Monat 2018

A) Aufstellung Finanzierungbedarf	Beispiel	In meinem Angebot enthalten?
Kaufpreis	270 000 Euro	☐
Kosten für Notar und Grundbuch	5 400 Euro	☐
Grunderwerbsteuer (NRW)	17 550 Euro	☐
Gesamtkosten	292 950 Euro	☐
Abzgl. Eigenkapital	92 950 Euro	☐
Gesamtfinanzierungsbedarf	**200 000 Euro**	☐
B) Detailbeschreibung	Teildarlehen A*	☐
Name des Darlehensgebers	Bank/Sparkasse XY	☐
Darlehensbetrag	200 000 Euro	☐
Sollzinsbindung	15 Jahre	☐
Effektiver Jahreszins	1,49 %	☐
(Gebundener) Sollzins	1,47 %	☐
Anfänglicher Tilgungssatz	3 %	☐
Monatliche Belastung	745,00 Euro	☐
Restschuld am Ende der Sollzinsbindung	103 716 Euro (Tilgungsbeginn Januar 2018)	☐
Kalkulatorische Darlehenslaufzeit	27 Jahre 9 Monate	☐
Sondertilgungsmöglichkeit	5 %, einmal jährlich möglich	☐
Bereitstellungszinsfreie Zeit	12 Monate	☐
Bereitstellungszins danach	0,250 % pro Monat	☐
Schätzkosten/Wertermittlungsgebühren	Keine	☐
Teilauszahlungszuschläge	Keine	☐
Tilgungsart	Annuitätische Tilgung	☐
Zahlweise	Monatlich	☐
Auszahlungskurs	100 %	☐
Bearbeitungskosten	Keine	☐
Kontoführungsgebühren	Keine	☐
Sonstige Vereinbarungen	Der Tilgungssatz kann während der Sollzinsbindung zweimal zwischen 2 % und 5 % gewechselt werden. Es ist der Abschluss eines kostenfreien Verrechnungskontos notwendig.	☐

* Finanzierungsbedarf und Darlehenssumme sind hier identisch, somit kein zweites Teildarlehen. Es kann durchaus auch mehrere geben.

Vergleich von Konditionsangeboten (Annuitätendarlehen)

Teilen Sie den relevanten Darlehensgebern Ihre Finanzierungswünsche im Beratungsgespräch mit, damit diese einen Finanzierungsvorschlag erstellen können. Vergleichen Sie dann die angebotenen Werte.

	Darlehensgeber 1	Darlehensgeber 2	Darlehensgeber 3
Name des Instituts:			
Ansprechpartner/in:			
Darlehenssumme (Euro):			
Sollzinsbindung (Jahre):			
Gebundener Sollzins (Prozent):			
Effektiver Jahreszins (Prozent):			
Tilgungshöhe (Prozent):			
Monatliche Belastung (Euro):			
Sondertilgungsmöglichkeit:			
Höhe der Restschuld nach Ablauf der Sollzinsbindung (Euro):			
Summe der gezahlten Zinsen nach Ablauf der Sollzinsbindung (Euro):			
Prognostizierte Gesamtlaufzeit (Jahre):			

Notizen zum Gespräch mit Darlehensgeber 1:

Notizen zum Gespräch mit Darlehensgeber 2:

Notizen zum Gespräch mit Darlehensgeber 3:

Zahlungsplan nach Makler- und Bauträgerverordnung (MaBV)

Diese Übersicht fasst die maximalen Teilabschlagsbeträge zusammen, die ein Bauträger nach Abschluss einzelner Gewerke in Rechnung stellen darf. Die Werte sind Prozentangaben bezogen auf die Gesamtkosten laut Bauträgervertrag. In die jeweils rechten Spalten können Sie die abschnittsweisen Werte anhand Ihres individuellen Vertrags eintragen und überprüfen. Aufgeteilt ist die Übersicht für Fälle, bei denen a) das Eigentum übertragen wird und b) ein Erbbaurecht eingeräumt wird.

Maximale Teilzahlungsschritte	a) Mit Übergang Eigentum		b) Mit Erbbaurecht	
	in Prozent	in Euro	in Prozent	in Euro
1. Nach Beginn der Erdarbeiten	30,0		20,0	
2. Rohbaufertigstellung einschließlich Zimmerarbeiten	28,0		32,0	
3. Herstellung der Dachflächen und Dachrinnen	5,6		6,4	
4. Rohinstallation der Heizungsanlagen	2,1		2,4	
5. Rohinstallation der Sanitäranlagen	2,1		2,4	
6. Rohinstallation der Elektroanlagen	2,1		2,4	
7. Fenstereinbau einschließlich Verglasung	7,0		8,0	
8. Innenputz, ausgenommen Beiputzarbeiten	4,2		4,8	
9. Estricharbeiten	2,1		2,4	
10. Fliesenarbeiten im Sanitärbereich	2,8		3,2	
11. Nach Bezugsfertigkeit und Zug um Zug gegen Besitzübergabe	8,4		9,6	
12. Fassadenarbeiten	2,1		2,4	
13. Nach vollständiger Fertigstellung	3,5		4,0	
Gesamtkosten	**100,0**		**100,0**	
Gesetzliche Sicherheitsleistung bei privatem Auftraggeber (Bauherr) ist 5 Prozent der Gesamtwerksleistung (bei Kauf vom Bauträger inklusive Grundstückskosten):	**5,0**		**5,0**	

Prüfung aller Darlehensvertragsunterlagen

Unterlage	Richtig/ verständlich	Falsch/ unklar	Bemerkungen und Fragen	Ansprech- partner
Anschreiben	☐	☐	_____	_____
ESIS-Merkblatt	☐	☐	_____	_____
Darlehensvertrag mit den Unterpunkten	☐	☐	_____	_____
Angaben der Vertrags- partner	☐	☐	_____	_____
Darlehenssumme	☐	☐	_____	_____
Zinsen	☐	☐	_____	_____
Sonstige Kosten	☐	☐	_____	_____
Sollzinsbindung	☐	☐	_____	_____
Tilgungsszenario	☐	☐	_____	_____
Raten	☐	☐	_____	_____
Sicherheiten der Bank	☐	☐	_____	_____
Widerrufsrecht und Widerrufsfrist	☐	☐	_____	_____
Sicherungszweckerklä- rung/Sicherungsabrede	☐	☐	_____	_____
Formular Grundschuld- bestellung	☐	☐	_____	_____
Auszahlungsabrufe/Aus- zahlungsaufträge	☐	☐	_____	_____
SEPA-Lastschriftmandat	☐	☐	_____	_____

Welche sonstigen Fragen habe ich noch? Meine Notizen für die Besprechung des Darlehensvertrags

_____

_____

_____

_____

Schritte vom Darlehensvertrag bis zur Auszahlung

Mit dieser Arbeitshilfe haben Sie einen guten Überblick über die Aufgaben und Überwachungsschritte, die Sie ab Darlehensvertragsunterschrift noch zu erledigen haben. Die Liste enthält ebenso Punkte, die zwar wichtig, aber unter Umständen nicht auszahlungsrelevant sind. Art und Umfang der aufgelisteten Stichpunkte unterscheiden sich bei verschiedenen Finanzierungsgründen (Bau, Kauf, Anschlussfinanzierung etc.).

Aufgabe	Termin	Offen	Erledigt am:
Darlehensvertrag mit Darlehensgeber oder Vermittler besprechen Nur erforderlich bei Klärungsbedarf oder Unklarheiten	☐	☐	_____
Frist zur Rücksendung der Vertragsunterlagen einhalten Bei Verspätung ist die Bank nicht mehr an das Angebot gebunden!	☐	☐	_____
SEPA-Lastschriftmandat unterschrieben zurücksenden Gegebenenfalls Unterschrift mehrerer Kontoinhaber des Einzugskontos	☐	☐	_____
Legitimation gegenüber dem Darlehensgeber vornehmen Entweder beim Kreditgeber bzw. mittels Postident-Verfahren	☐	☐	_____
Notartermin für den Kaufvertrag vereinbaren Falls nicht schon bei Abschluss des Darlehensvertrags geschlossen	☐	☐	_____
Notartermin zur Grundschuldbestellung vereinbaren Terminliche Vorlaufzeit des Notars berücksichtigen	☐	☐	_____
Eintragung der Grundschuld überwachen Eintragung ist Auszahlungsvoraussetzung	☐	☐	_____
Notarrangbestätigung durch Notar beauftragen Sicherungsalternative für Bank, falls Grundschuld noch nicht eingetragen	☐	☐	_____
Auflassungsvormerkung im Grundbuch eingetragen Vorher keine Zahlung an Verkäufer leisten (Ausnahmen äußerst selten)!	☐	☐	_____
Grunderwerbsteuer fristgerecht zahlen Gegebenenfalls auch Zahlung aller Miteigentümer sicherstellen, da nur dann Eigentum übertragen werden kann.	☐	☐	_____
Termin für die 1. Darlehensauszahlung prüfen Bau-/Bauträgervertrag genau lesen	☐	☐	_____
Auszahlungsaufträge rechtzeitig stellen Postlaufzeiten länger als 1 Tag einplanen	☐	☐	_____
Eingang der Bürgschaft der Bank des Bauträgers überwachen Sicherheit für Sie, sonst 5 Prozent der Vertragssumme einbehalten	☐	☐	_____
Wohngebäudeversicherung abschließen Oder Nachweis durch den Bauträger aushändigen lassen	☐	☐	_____

Steuerliche Auswirkung von Immobilien

Hier können Sie ermitteln, ob und welche steuerlichen Auswirkungen ein Kauf oder eine Baumaßnahme.für Sie hat.

Unterscheiden Sie dabei zwischen selbst genutzem und vermietetem Eigentum.

Am Ende haben Sie einen Überblick, wie sich Ihr zu versteuerndes Einkommen durch die Investition verändert.

	Nein	Ja		AfA	Euro
1	☐	☐	**Immobilie ist selbst genutzt.**		
	☐	☐	Es handelt sich um ein Baudenkmal oder liegt im Sanierungsgebiet.		
			Abzugsfähige **Kosten der Baumaßnahme** (nicht Anschaffung) im Jahr 1–10	9 %	− _____
			Keine steuerliche Auswirkung		
	☐	☐	**Immobilie ist vermietet oder teilweise vermietet.** (bei nein → Selbstnutzung)		
	☐	☐	Gebäude ist vor 1925 fertiggestellt: **Anschaffungskosten** abzugsfähig 40 Jahre lang	2,50 %	− _____
		☐	Gebäude ist ab 1925 fertiggestellt: **Anschaffungskosten** abzugsfähig 50 Jahre lang	2 %	− _____
2			**Zusätzlich** ist das Objekt ...		
	☐	☐	... ein Baudenkmal oder liegt im Sanierungsgebiet, dann sind weitere, über die Anschaffungskosten hinausgehende Sanierungskosten abzugsfähig:		
			im Jahr 1–8	9 %	− _____
			im Jahr 9–12	7 %	− _____
			Keine weiteren steuerliche Auswirkungen		
3	☐	☐	Küche(n) vom Vermieter gestellt	10 %	− _____
			Keine steuerliche Auswirkung		
4			Jahreswert **Einnahmen** aus Nettokaltmiete des Objekts im Steuerjahr		+ _____
			Abzüglich Kosten für Zinsen und/oder Bereitstellungszinsen im Steuerjahr (**kein** Ansatz von Tilgung möglich)		− _____
			Abzüglich Kosten für die extern vergebene Wohnungsverwaltung		− _____

Summe/Ergebnis (zu versteuerndes Einkommen)   _____

An Grund(erwerb)steuern denken und diese reduzieren

Diese Checkliste soll Ihnen helfen, an bestimmte Konstellationen zu denken, die die Steuerlast senken und Ihnen darüber hinaus Grundsätzliches beantworten.

Grunderwerbsteuer

Erledigt am ...

1.   Neubau

Ich/Wir bauen kein freistehendes Haus:

Keine Gestaltungsoption

Ich/Wir bauen ein freistehendes Haus:

Erwerben Sie ein Grundstück ohne Baubindung, zahlen Sie die Grunderwerbsteuer nur auf den Grundstückskaufpreis, sonst auf den Boden- **und** Gebäudewert.

2.   Kauf einer Bestandsimmobilie

Sprechen Sie Ihren Notar aktiv an, wenn Gegenstände wie Einbauküche, Mobiliar, Markise oder Rasenmäher übernommen werden. Legen Sie gemeinsam mit Ihrem Verkäufer realistische Restwerte dafür fest. Diese Summe ist nicht grunderwerbsteuerpflichtig.

3.   Zahlung der Grunderwerbsteuer

Sie erhalten vom Finanzamt eine Information und eine Zahlungsaufforderung. Achtung: Jeder Erwerber erhält gemäß seinem Anteil eine eigene Aufforderung! Die Fälligkeit ist auch dann gegeben, wenn der Kaufpreis noch nicht geflossen ist.

Habe ich die Grunderwerbsteuer fristgerecht gezahlt?

Haben meine Miteigentümer die Grunderwerbsteuer fristgerecht gezahlt?

Grundsteuer

1.   Neubau

Sie müssen zunächst nichts veranlassen. Das Finanzamt kommt mit einem Fragenkatalog zu Ihrem Objekt auf Sie zu und setzt danach den Steuermessbetrag fest.

2.   Kauf einer Bestandsimmobilie

Lassen Sie sich vom Verkäufer die Information über die Höhe des Bescheids geben. Sie sind der Kommune oder dem Finanzamt gegenüber erst ab dem nächsten Jahr steuerpflichtig. Mit dem Verkäufer verrechnen Sie jedoch intern ab Übergabetag.